给幼儿教师和家长的 81条美术教育建议

李力加 ◎ 著

中国轻工业出版社

图书在版编目（CIP）数据

给幼儿教师和家长的81条美术教育建议 / 李力加著. —北京：中国轻工业出版社，2015.2（2019.6重印）

ISBN 978-7-5184-0180-2

Ⅰ.①给… Ⅱ.①李… Ⅲ.①美术课－学前教育－教学参考资料 Ⅳ.①G613.6

中国版本图书馆CIP数据核字（2014）第298423号

总 策 划：石铁
策划编辑：王慧超　　　　　责任终审：滕炎福
责任编辑：王慧超　　　　　责任监印：刘志颖

出版发行：中国轻工业出版社（北京东长安街6号，邮编：100740）
印　　刷：三河市双升印务有限公司
经　　销：各地新华书店
版　　次：2019年6月第1版第3次印刷
开　　本：710×1000　1/16　印张：16.00
字　　数：150千字
印　　数：8001—11000
书　　号：ISBN 978-7-5184-0180-2　定价：62.00元

读者热线：010-65181109，65262933
发行电话：010-85119832　传真：010-85113293
网　　址：http://www.chlip.com.cn　http://www.wqedu.com
电子信箱：1012305542@qq.com

如发现图书残缺请与我社联系调换

141318Y1X101ZBW

序言：必须要阐述的一些话

如何早期培养孩子，如何以美术文化滋养孩子幼小的心灵，以期为孩子的一生奠定可持续发展的基础，是儿童美术教育关注的终极目标。在孩子的成长过程中，美术究竟有多大的功效；在学前成长这段最珍贵的时期，如何解决学前儿童的美术教育问题，提升其审美与人文素养，这些是本著作要回答的。

（1）诗性思维与儿童

维柯（Vico）在其《新科学》中曾以"诗性智慧"来统称原始人类的思维认知方式。这种"诗性智慧"也常常被称作"诗性思维"，并与理性思维相对应。维柯认为，人类的思维经历了由诗性思维向理性思维的发展过程。原始、蒙昧的人类是先具有"创造性的想象力"的诗性思维，之后在漫漫历史长河的演变中，逐渐由"诗性思维"中产生了理性思维。按照朱光潜先生的解释，"诗性思维"其实就是我们所说的"形象思维"，孩子最善于形象思维。

"诗性思维"的主体是以己度物，即"以自己为中心，以自己为万物的尺度来想象事物，揣度事物，猜测人与事物之间的关系"（维柯）。这是儿童典型的思维方式。这种思维方式有以下特点：

第一，"诗性思维"的基础是直接的感性认知与不加掩饰的情感体验，也就是说，这种思维方式直接从自然中汲取鲜活的知识，并没有掺杂过多的经验与知识。

第二，"诗性思维"依靠想象作为推动力，即原始人类依靠想象来认识事物，又依靠想象整合已获取的认知物，并且在想象的过程中进行创造。简言之就是在创造中认识事物，在认识事物中深层次地创造。

第三，这种思维方式不具有分析、综合、演绎、归纳等思维手段，因此，它不能认识事物更本质的规律，在表达主体的感受时，也只能用一些具

体的形式来表达抽象观念。可以说,这种思维方式是最具体化的思维方式。

一个人思维方式的形成与发展,必然经历了从原始思维方式向高等思维方式发展的历程,即人类个体思维的形成过程可以比拟历史上人类思维的形成过程,而儿童阶段是一种思维的自发阶段,正是"诗性思维"阶段。

首先,儿童的最大特点是以自我为中心。他们在认识世界的过程中总是力图以自身为标准,以自身的感受为依托,并总希望世界依据他们的想法去变化、去发展,而且也总希望从世界中找到自己的影子。在我们所看到的儿童绘画作品中,总可以找到孩子自己的影子。另外,在孩子所表现的作品中,总喜欢将动植物或各种无生命的物体拟人化,这都体现了儿童自己的"价值观"。

其次,儿童思维是一种情感性的思维。他们的心灵是纯真无邪的,他们思维的内容直接依靠感性捕捉而来,很少掺杂已有知识,因而他们就会用心体物,"把无生命的东西拿到手里,和它们交谈,仿佛它们就是些有生命的人。"❶ 这里最典型的例子就是孩子被物体撞了一下后,常常会打一下该物体,作为一种"回报"。

再次,孩子是极具创造力与想象力的。同样的一个圆圈,在成人的眼中,圆仅仅是圆,一般并不去思考别的什么含义,而孩子则会有许多出人意料的解释,如太阳、苹果、月亮、飞碟、妈妈的毛线团等。

最后,孩子这种直觉思维的落脚点,仍然是可以并易于认知的具体事物。孩子在表达自己的想法与情感时,不会像成年人那样晦涩和曲折,他们会用最浅显、最形象的画面,表达成人费尽心思也很难表达的含义。比方说,只具备儿童智力水平的阿甘曾说过一句名言——"生活就像一盒巧克力,你永远不知道盒里的乾坤"。这正好可以为儿童的具体化思维做注解。

(2) 用画笔再现"诗性思维"

孩子是有创造力的,孩子是有"诗性思维"的,他们对诗歌(童谣)的理解是不同于成人的,他们的感受只是瞬间的。如果不能把握孩子这短暂的理解,对其进行再多的诗歌教育也只是蜻蜓点水。所以,教学活动必须设法让这种领悟停留在孩子的心中,并且产生记忆痕迹,从而与孩子的本心相作用,产生应有

❶ 维柯. 新科学 [M]. 朱光潜,译. 北京:人民文学出版社,1986:98.

序言：必须要阐述的一些话

的美育的作用。

由于孩子的语言表达能力不足以描述他们的这种情感，所以，必须求助于画笔和多样的工具、材料，让孩子用斑斓的色彩、奇妙的材质构成、独特的造型特征，表述自己多样的心情。孩子画完、表现完之后，又可以借助当场的感悟、评述话语，以及简单的文字表达自己在欣赏与创作时的看法体会。一举多得，相得益彰。

儿童的绘画从它诞生之时，就不是成人一笔一画教出来的，更多的是他们的信笔涂鸦。对于色彩，孩子能够用自己的视觉器官感受世界那一刻开始，就有一种特殊的亲切感。孩子拿起画笔、纸张以及其他可以造型的工具、材料时，往往不加思索，立即进入自己的想象天地。孩子的思维与自己的画笔同步，意到笔随，将自己对文学（歌谣）的理解用特殊的视觉造物形式与方法表达出来。

将传统的古代诗歌（童谣、儿歌）引入到儿童美术教学中，是将文学之美、声音之美、色彩之美、造型之特、创意之奇融为一体的审美文化教育。本著作中的儿童美术教学主题，在实施教学过程中全部采用儿歌、童谣等朗朗上口的"歌谣导入"，这样的教学活动将孩子的听觉和视觉调动起来，在听赏童谣、儿歌、古代诗歌之中，以绘画的色彩悦目，以独特的造型惊世，以材料的巧妙运用创意。在欣赏经典美术作品的同时，咏唱诗歌（童谣、儿歌），感受了声音之美，这种诗与画的融合，既培养了孩子对文学的想象力，锻炼了语言表达能力，又提高了他们的美术才能和潜在的综合能力。

这其中有一个如何看待儿童美术作品的问题，因为，成人总是以现实生活中的形象来与儿童美术作品中的形态相比较，这很容易打击儿童的自信心，曲解了对儿童美术作品的真正认识。实际上，孩子只要能够将自己的体验和感受表现出来，任何造型、表现形式与作品效果都应该受到尊重。

另外，这里还有一个儿童美术教学方法的问题，即教育观念指导下的课程建构问题。最成功的儿童美术教学是什么样子呢？它是一种将儿童的美术活动真正作为文化传递的教育，而不是那种单一的技能训练；是让孩子的潜在能量得以充分释放的教育；是让成年人震惊的纯真心灵的显现；是为孩子一生所积淀的思维方法和表现形式。这是因为，教育的天职是，通过向孩子传递文化，以培养其继承和创新文化。

（3）感悟视觉图像的艺术之旅

视觉图像信息传达时代的儿童美术教育，倡导以唤起孩子的知觉体验，以积极的思维方法审视生活、认识美术，改变过去那种以单纯记忆和摹仿的学前儿童美术教学。感知与表达，是孩子把握美术文化的必然过程，在学前儿童期，美术活动不是单纯绘画技能、技巧的训练，不仅仅是材料、工具的变化翻新，而是基于美术文化的认识、理解和传承，超越学科领域本身的思维方法引领，培养具有创造性、开拓性人才的基础工程。

父母和教师如何顺应儿童心理、生理的自然发展规律，诱发儿童的自我表现意识，激活儿童的创意思维，是儿童美术教育的关键所在。要从学前儿童特有的心理特征与个性释放角度出发，通过欣赏感悟、绘画、设计、制作等造型活动，培养孩子对视觉形态的知觉与感受，开发孩子的想象力与创造力。这些道理说起来容易，但真正实施起来则需要更新理念并不断扎实地工作。

某些儿童美术的施教者，不顾孩子的年龄与接受能力水平，往往非常着急地将自己认为所谓正确的某种美术表现技法传授给孩子，让孩子照着范本一笔一笔地去描摹，孩子从小开始的视觉图形记忆局限在了成人规定好的概念之中。要知道，模仿与创造是完全不同的两个概念。模仿单纯靠概念处理事物，表达的仅仅是一种对简单物象的摹写，这样的学前儿童美术教学压抑了孩子自我表现的进取精神，意味着让孩子放弃自我的创造意识，同时，忽略了儿童个体与群体之间在美术活动中情感的流露、碰撞与交流。

孩子在对美术文化的感知与表达过程中，重要的环节是其思维的开启与领悟。悟，是儿童在美术活动中发展身心的核心。对儿童来讲，专业的美术表现技法、方式等均是无法施教的，美术学科知识，特别是学院派教学里的东西，是所谓的科学理性，一堆概念、术语等的分析，这些都无法正确地传达孩子在美术学习中悟的经验。这些学科知识与技能只能依靠孩子在感受美术文化与活动情境的过程中自己去悟。孩子自己在亲身体验、感受、认识某个美术主题蕴含的意义过程中，才能生发相互碰撞之后产生的独特思维。

序言：必须要阐述的一些话

（4）儿童美术要悟而不是教

每个孩子对美术文化的认识都需要依靠自己的感悟，而并非是父母、教师告诉他如何表现、如何去画。每个孩子都有自己的生活背景，个体特有的文化生存基础决定了其具备独自的悟性，但是，要想让这种悟性在美术活动中释放、表现出来，却不是一件轻易可以做到的事情。

开启孩子感悟美术文化的思维状态，是幼儿教师需要关注的核心问题。在孩子的美术活动（学习）中，有了"悟"，藏在每个孩子心里的珍宝——道理或真理，就能够经过孩子自身的努力，使这珍宝觉醒，或者是开发出来。有了感悟、领悟、顿悟、醒悟等的过程，孩子便有了一个新的生命，就达成了儿童美术教育与人的可持续发展的目标。当孩子面对不同的美术活动主题时，他都能够举一反三，自己明白很多道理，并能够由此迁移出方法，用于其他学科的学习以及生活。

在儿童美术活动中，孩子究竟要悟什么？悟，就是一个孩子重新睁开眼睛看待这个世界，包括各种新发现、新探索、新生命。按照禅学的论点，人对于悟的经验可用"大死一番，再活现成"的比喻。这不是肉体上的"生与死"，而是孩子内心对生活世界的重新认识。具体到视觉艺术的角度，那就是"看"与"看见"的不同。有了悟的孩子才能真正地"看见"，没有悟的孩子即便画再多的画，也只是停留在"看"的水平上。

每个孩子在美术活动（学习）中，要明白真正的主体，识别心的本质，才能达到感悟美术文化的境界。所以，这就要求幼儿教师在学前儿童美术教学里，要减少低水平的临摹教学，逐渐培育孩子的内在表达能力。例如意象性，需要孩子具备看见的眼光之后才能形成。

所有的孩子都是带着普通人的眼睛（生理器官）来参加美术活动，父母以及教师要将孩子这种普通人原有的眼光逐步引导到能够"看见"的层次上，"看见"，就有了意象性，就有了对"无"、对"不在现场"的实在物象的描摹，这样，孩子就会自主表达对美术问题的见解，就会主动提炼，主动构成，主动诉说。因此，学前儿童美术教学中要少一点"科学"的论述，多一些亲身感悟；少一些规则的约束，多一些自由的表达。

希望美术教师、年轻父母以及其他所有读者，都能够基于孩子身心健康成长的视角来阅读本著作。每个孩子都有其珍贵的精神哲学，这来自孩子个体对生命意义的不断认识和探索。

　　艺术，原本就是一种生命状态。艺术，是人类本质的生存需要。艺术，对于每个孩子来说，是其领悟生命意义的过程，是一种感悟文化的生存状态。当孩子与年轻父母、幼儿教师共同对艺术的领悟、对美术文化的认识水平达到这一层面的时候，就会更加深刻地感受到我们生存的这个星球、这个大千世界是多么的奇异和美好。

　　请读者在关注孩子快乐成长的过程中，将自己的阅读感受告诉我，好吗？

李力加
2014年国庆假日终稿于
浙江师范大学丽泽花园

目　录

基本理念篇

1. 当下孩子的文化生活遇到了什么 …………………… 2
2. 美术对于孩子的成长究竟有什么用 …………………… 3
3. 美术活动与孩子的成长是什么关系 …………………… 7
4. 母亲给孩子画笔应该在什么时候 …………………… 9
5. 婴幼儿为什么要涂鸦 …………………………………… 10
6. 涂鸦是孩子的第二种语言方式吗 …………………… 13
7. 涂鸦期是如何发展的 ………………………………… 15
8. 面对涂鸦，是否要问一问孩子画的是什么 ………… 17
9. 最恰当的美术教育引导是什么 ……………………… 19
10. 为什么孩子的画面里总出现螺旋与圆形 …………… 22
11. 儿童画中的底基线与透明物象说明什么 …………… 24
12. 为什么儿童画中向四方展开的画面这样多 ………… 27
13. 如何理解孩子以视觉常性进行主观表现 …………… 29
14. 孩子在家里乱涂乱画怎么办 ………………………… 31
15. 如何正确引导孩子的自由画状态 …………………… 33
16. 为何强调孩子在美术活动中的自主选择 …………… 36
17. 如何指导孩子美术——与年轻妈妈的对话 ………… 39
18. 年轻父母也需要学习美术吗 ………………………… 41

19. 孩子笔下的美术形象应该是逼真的吗 … 43
20. 让孩子的眼睛"看见" … 45
21. 美术活动如何激发孩子的思考 … 47
22. 家庭如何为孩子的美术成长提供条件 … 49
23. 美术学习为什么要从眼睛观看起步 … 51
24. 孩子发现了什么 … 53
25. 如何引领孩子观察与发现 … 56
26. 什么是美感 … 58
27. 罗恩菲德如何论述儿童美术能力的发展 … 61
28. 里德如何论述儿童美术能力的发展 … 63
29. 艾斯纳如何论述儿童美术能力的发展 … 66
30. 丰子恺先生告诉了我们什么 … 68
31. 如何理解儿童画中的自发创造 … 71
32. 如何认识孩子的美术生活 … 74
33. 年轻父母是否留意日常生活中孩子的表现 … 76
34. 成年人应该怎样欣赏孩子 … 79

美术实操篇

35. 为什么要让孩子欣赏美术作品 … 84
36. 如何在美术活动中感知与表达 … 86
37. 如何用图像分解的方法引导孩子欣赏美术作品 … 88
38. 如何引导孩子欣赏外国美术作品 … 93
39. 孩子在美术活动里坐不住怎么办 … 97
40. 如何指导儿童画教学 … 99

目 录

41. 为何孩子不需要学习透视 …………………………… 102
42. 如何给孩子讲授线条的表现方法 ………………… 106
43. 如何给孩子讲授色彩的表现方法 ………………… 110
44. 如何给孩子讲授构图的方法 ……………………… 113
45. 孩子可以画写生吗 ………………………………… 114
46. 如何指导孩子线描写生 …………………………… 117
47. 如何走出简笔画认识的误区 ……………………… 120
48. 如何指导孩子的美术手工 ………………………… 122
49. 为何儿童画"成品感"过强不好 ………………… 125
50. 如何避免儿童画用孩子的手完成教师的意图 …… 126
51. 如何具备意象性的美术思维方式 ………………… 129
52. 如何能够让孩子画得更轻松一点 ………………… 131
53. 如何避免临摹的思维方法 ………………………… 133
54. 儿童绘画与现代美术有何关系 …………………… 134
55. 如何引导孩子以美术的眼光阅读图画书（一）… 138
56. 如何引导孩子以美术的眼光阅读图画书（二）… 141
57. 如何引导孩子以美术的眼光阅读图画书（三）… 143
58. 如何引导孩子以美术的眼光阅读图画书（四）… 145
59. 如何引导孩子以美术的眼光阅读图画书（五）… 148
60. 如何引导孩子创作图画书 ………………………… 151
61. 孩子需要在美术活动中接触哪些材料（一）…… 153
62. 孩子需要在美术活动中接触哪些材料（二）…… 154
63. 如何引导孩子运用纸材（一）…………………… 157
64. 如何引导孩子运用纸材（二）…………………… 160
65. 如何引导孩子运用线材 …………………………… 164

66. 如何引导孩子运用泥材 …… 166
67. 锯木头有什么好处 …… 168

案例分析篇

68. 如何开展图像引导与记忆融合的美术活动 …… 172
69. 如何深化孩子在美术活动中的视觉感受 …… 178
70. 如何激发孩子在视觉感受基础上自主表达 …… 184
71. 如何引导孩子文化认同与积累美感经验 …… 189
72. 如何让孩子的审美经验与生活经验关联 …… 195
73. 如何在关联经验的基础上创造图式 …… 201
74. 如何在美术活动中调整教学指导 …… 206
75. 如何调动孩子的整体感官参与学习 …… 211
76. 如何渗透中国民间美术文化的滋养 …… 216
77. 如何从欣赏感悟到造物表现进行转换 …… 220
78. 如何在主题性美术活动中关联思维 …… 224

展望未来篇

79. 常带孩子去美术馆、博物馆吧 …… 230
80. 美育——美与爱 …… 232
81. 孩子的梦 …… 234

后记 …… 237
主要参考文献 …… 239

基本理念篇

在一个超级信息化、技术化、综合化、图像化、多元化的社会里,早期的美术教育可以强化和保护孩子的个性与自尊。美术活动为孩子体验、感悟生活,发现美的事物,自信地使用自己的眼睛去独特思维提供了平台,特别是对于孩子审美素养、人文素养(核心素养)的积淀与形成,美术活动有着其他学前教育活动无法代替的功能。

1. 当下孩子的文化生活遇到了什么

在互联网技术迅速发展的今天，视觉图像信息泛滥，孩子的生活淹没在光怪陆离的超级消费文明当中。特别是城市里的孩子，他们的生活方式在潜移默化地影响着其价值观的形成和身心的健康成长。孩子有着太多拜物式的社会活动——开"派对"、出门坐着小轿车、盲目跟随网络信息导向、一味地追赶时髦，从小过分追求丰富的物质享受。而以网络、游戏、电视、商品广告等为中心的宣传媒介，疯狂制造着各种图像信息，像洪水一样冲击着社会生活的方方面面，对孩子的眼睛影响之大，是整个社会发展难以估量的。

孩子眼睛里出现的问题有很多，面对他们感官知觉到的生活现实，我们需要反思：孩子的眼睛究竟看到了什么？不可否认，丰富的视觉图像信息对孩子的成长有着有利的一面。但是，随着数码科技的迅猛发展，网络技术支撑下的互联网、电视传媒中，暴力、凶杀、色情图像充斥成灾，广告图像里有大量欺骗成分，想到这些让我们不寒而栗。

在被视觉图像包围的环境中，孩子的眼睛受到了严重的污染，这样下去怎么能够培养孩子天真、淳朴的心灵呢？在视觉图像强制性的接受过程中，导致的是精神的贫乏和颓废以及价值观念的混乱。这是以奢侈消费、明星造势为主要宣传渠道的网络图像、电视图像信息，给儿童身心健康带来的问题，值得每个人深思。

另外，缺少快乐游戏和实际生产劳动体验、创造生活感受的孩子，他们可能多次坐过飞机、乘过高铁，但是是否自己用木头做过小船？是否会用落叶进行自主的感悟创造？他们玩耍的时间、空间和交友都被现代科技制造的强制生活状态所剥夺。智能手机的快速普及、更新，打游戏、上网、低头看屏幕的动作竟然成了孩子的生活常态。家庭教育机能的降低，学校教育无力的状态，也在不自觉地扼杀着孩子的个性、创造性和自主性的发展。

大家可能都知道电影《终结者》。《终结者》当年所预测的事情是否会发生呢？整个人类发展已经由"石器时代"走向"电汽时代"，又从"电汽时代"走向"互联网数字时代"。人类与一般动物的区别就在于：人类能够制造和使用工具。但是，人类在发明和使用这些工具的时候，同时也被这些工具所奴役。也就是说，在互联网数字技术迅猛发展的时代，人类制造的先进、方便的工具很可能带来"养虎伤身"等不可逆转的灾难。

幼儿教师们，年轻的父母们，请大家思考一个问题：每个人都有一双眼睛，但是，绝大多数人的眼睛几乎仅局限在普通生活中。这里还缺少点什么呢？鉴于上述社会发展过程中出现的情况，儿童视觉审美教育的责任是：通过传递美术文化，进行以感悟体验、认识表达为主的审美教育，引导儿童发现、认识人生的价值，培养孩子的审美感知和鉴赏能力，这需要包括家庭、学校、社会等在内的各阶层有识之士的认同和广泛参与。

2. 美术对于孩子的成长究竟有什么用

（1）人因为有眼睛，故必须有美术

在 100 多年前的 1907 年，梁启超先生有这样一段论述，他说："爱美本能，是我们人人都有的。但感觉器官不常用或不会用，久而久之麻木了。一个人麻木，那人便成了没趣的人；一个民族麻木，那民族便成了没趣的民族。美术的功用，在于把这种麻木状态恢复过来，令没趣变为有趣。换句话说，是把那渐渐坏掉了的爱美胃口，替他复原。"梁先生谈到美术直接影响到每个人的生活情趣、情感和生活的质量，事实上，在视觉图像信息泛滥、多元价值观并存的时代，人们需要用自己的双眼发现生活中的美，需要培养

孩子用自己的眼睛有主见地观看、思考事物，这是培育孩子正确价值观、高尚情操的重要手段。

【图 2-1 中的这束野花是一所山村希望小学里孩子的美术作品，孩子在美术教师的带领下，从村外的地里采集后再插起来的。你是否发现了它的美？】

图 2-1

通过眼睛，也就是视觉思维的开启和引领，可以发现内在的生命力，可以开发与释放人的潜在能力。例如，田野中的野花、野草均在自由地生长，忙碌的人们似乎没有感觉到它们的美与特别之处。这是因为，在日常生活里，人们的眼睛往往视而不见。孩子来到这个世界上，如何认识、感受生活中的美，如何自己创造、表达个人内在的感受，这都需要美术的引领。

每个人都有一双明亮的眼睛，眼睛帮助我们思考、辨别、判断。同时，眼睛可以让我们感觉很多情绪的变化，或快慰、或伤感、或欣喜若狂、或消沉沮丧……如何运用自己的眼睛，应该是每个孩子从婴儿期开始的教育。所以，儿童早期的视觉审美教育是关乎公民基本素养，确立核心价值观的重大

图 2-2

【图 2-2 是山村希望小学的孩子在教师的带领下，用野草编结的造型。你能从作品中发现蕴含的美术元素吗？】

问题。那么，整个社会如何有效地开展儿童视觉审美教育？这恐怕应该由如何理解美术开始。

（2）美术是儿童视觉造物转换的创造

美术活动是与人类生存过程紧密相伴的文化创造。远古的先民在衣不蔽体的时候，其视觉造物转换活动表现为用植物的叶子做衣服，用泥巴制陶器，这是最初的美术创造，与其生命活动息息相关（见图2-3，新石器时代的鸟纹彩陶钵）。"人类的绘画行为起始于数万年前的第一个岩石象形文字。"❶ 任何一个孩子最先完成的创造活动便是涂鸦，这是与孩子的生命活动紧密相关的视觉造物转换创造。"如果说眼睛是艺术活动的父亲，手就是艺术活动的母亲。"❷ 从图2-4中可以看出，涂鸦是一种描画运动与表情运动的自主表达。

图2-3

"儿童发育初期所涂画出的东西，目的并不是为了表现，而是要做出某种展示。这种展示活动所涉及的，仅仅是一种要把一件过去从未见过的东西展示出来的激动经验。"❸ 很多人不明白儿童美术教育有什么用？既不当吃，又不当喝，还不如多学点数理化。我们听到很多这样的质疑，甚至整个社会都在这样"近视"地看问题。事实上，儿童早期的美

❶ 荷伯豪斯，汉森. 儿童早期艺术创造性教育[M]. 邓琪颖，译. 南宁：广西美术出版社，2009：140.
❷ 阿恩海姆. 艺术与视知觉[M]. 滕守尧，朱疆源，译. 成都：四川人民出版社，1998：230.
❸ 阿恩海姆. 艺术与视知觉[M]. 滕守尧，朱疆源，译. 成都：四川人民出版社，1998：230.

给幼儿教师和家长的81条美术教育建议

图 2-4

图 2-5

【图2-4和图2-5为王腾小朋友22月大时的涂鸦，这样的涂鸦对于很多年轻父母来说，是不起眼的东西，可能早被扔到一边去了。但是，这就是孩子生命的过程，最原初的表达样式。】

术教育强化了生命体验与自我表述，建立以视觉审美教育为中心的学前教育体系是提升国民素养的基础工程。

（3）早期的美术教育有利于儿童全人成长

早期的美术教育贯穿孩子的低幼期、幼儿园期以及小学前期（1—3年级），这是孩子全面发展和成长的关键时期。成年人（幼儿教师、年轻父母以及小学美术教师）应带领孩子早点接触美术活动、接受美术教育，这样做最大的益处在于，通过孩子的眼睛看世界的同时，成人也能再次获得对艺术创造的视觉发现，得到审美感受过程带来的内在愉悦。对于孩子来说，这一审美体验与感受将与生活相伴，促使自我意识的进步和创造性的表达。

实际上，儿童早期教育的核心课程应该为视觉审美教育。只有全面、客观地理解、认识美术教育，才能理解人的全面发展。"传道"为教师的责任和使命，幼儿教师需要从人的生命意义这一高度来认识、思考、理解美术教育，在孩子幼小的心灵当中，种下一颗"美"的种子，这对儿童的全人成长具有不可估量的作用。

3. 美术活动与孩子的成长是什么关系

每个孩子都会用饱满的热情自发地去涂画,而且儿童的绘画作品几乎都是表现性的,背离真实物象的比例、色彩、形态,强调夸张与表达。当孩子情绪激动、思想比较纷乱的时候,引导他们创作一幅美术作品来释放自己的心境,往往比语言描述来得更顺畅(见图3-1)。

【图3-1是一个孩子笔下的"花儿",可以看到孩子画出的花的形态非常混沌,但这是孩子真实的感受与当下情感的自主表达。】

图 3-1

(1) 促进孩子视觉审美心理的发展

父母在教养孩子的过程中,最缺乏的是不知道美术活动对孩子的心理、生理成长有什么作用。一般来说,形成图像的途径有回忆、观察、想象三种方式,因此要引导孩子有意识地将自己的思想"图像化",将孩子本能的、自发的美术(涂鸦)活动与系统的视觉审美教育相链接。也就是说,儿童期的美术活动不仅可以促进孩子语言系统和知觉能力的发展,而且,美术本身的内在价值,其创造性与不可复制的艺术本核,也需要让孩子获得。

在当下社会越来越重视生命质量与生命价值的前提下,儿童视觉审美教育的价值逐渐被人们理解和认识,美术活动带来的心理抚慰,是其他活动无法代替的。

（2）激发孩子创造能力的发展

孩子涂鸦过程需要的创造能力是人的智力的高级表现方式。例如，动物似乎也会利用各种方式留下痕迹，但那不是思维创造中的图画。孩子的涂鸦过程是感受生活世界的自我释放，他们用眼睛观察，用脑、用心思索，在构图、表达和具体的描画中发展了智力。他们用手指蘸着溅出的颜色在涂抹，用一根根竹棍、树枝、冰棍棒在地上画，或是在纸上用任何可以留下痕迹的笔涂上几笔，孩子发现在留下痕迹的过程中所进行的手部运动是如此令自己内心激动。可以说，幼儿期的美术活动是充分利用人脑机能，优化个体身心发展的创造性表达活动。

当下不少学习美术专业的（进入大学各类美术专业的）学生，在成长中并没有得到良好的儿童美术教育，没有充足的时间进行美术活动，来激发其潜在的创造力，缺乏为日后的可持续发展奠定的基础。但是需要注意，幼儿美术教育如果仅限于智力启蒙，则忽略了最大的源起——孩子生命的需要。

（3）促进孩子左右脑的协调

幼儿期的美术活动与左右脑协调是什么关系？全世界的专家学者对于大脑的研究有很多学说。关于人的左右脑功能分析与论述，我们都明白右脑在感觉领域大显身手，右脑具有扩展形象的能力、立体思维、将抽象语言作为图画来理解与把握的能力等，具备右脑思维的人更具有创造性。

获得诺贝尔医学（生理学）奖的美国斯佩里博士，在其实验研究中表明，左右脑之间，有一条被称为"脑梁"的沟通管道。这一管道使得左右脑得以对话交流、协调合作，而一旦脑梁阻断，右脑获得的图像信息就无法传输给左脑的语言功能系统。

可以说，左右脑协调发展是人脑发展、智能提升的最佳选择。但是，现在的学校教育、家庭教育往往只重视左脑功能的运用，比如，生活里存在很多父母强迫孩子背古诗词的现象，这种单一背诵是对左脑记忆功能的运用，偏废了孩子的右脑功能实际上对孩子的发展非常不利。孩子在幼儿期的美术

基本理念篇

活动之所以特别重要,就在于提前开发孩子的右脑功能,使其左右脑能够协调发展,促进智力的整体提升。

4. 母亲给孩子画笔应该在什么时候

对于尚在母亲体内的胎儿,对于刚刚出生的婴儿谈美术教育,似乎太早了一点。年轻的父母可能会说,孩子还没有光临这个世界呢!虽然蔡元培先生早在20世纪20年代就倡导"胎儿的美育",提出"陈列雕刻、图画,都取优美一派",以将"好的影响"传给胎儿。而且,还提出了育婴院的美育实施方法。❶

母腹中的胎儿必须被动地接受母亲给他的一切,没有另外的选择,不能拒绝,也不能要求。孩子离开母体时,已经带着母亲的情感、心理和生理烙印,如"姜嫄氏随夫郊祭,观察植物之生长。故后稷乃能树五谷,成为我国农业之始祖"。又如"太姒之妊文王也,目不视恶色,耳不听恶声,文王因之而圣明"。这两段文字记载均说明胎儿在母体中接受了母亲的选择,母亲与胎儿息息相通,不能分割,甚至会影响孩子的终生。心理学家研究证明,新生儿直接依靠眼睛等主要感觉器官来感知、认识这个崭新的世界。在视知觉感知的基础上,获得事物的形象,将其储存在大脑中,形成了视觉表象。

儿童早期的美术教育活动,之所以可以释放幼儿各种潜在的能力,就在于在美术活动的感知过程中,潜藏在孩子内心深处的某些创造基因被唤醒了。我们会发现:孩子1岁多的时候,就会用整个手抓握笔的方式自由涂鸦。这样的状态实际上是孩子整个身心协调运动的过程,孩子在涂鸦过程中一边留下

❶ 蔡元培. 蔡元培美学文选[M]. 北京:北京大学出版社,1983:159-160.

线条痕迹，一边小嘴巴还在不停地呀呀学语，诉说自己内心的想法。家长会问，究竟什么时候给孩子画笔合适呢？

一般情况下，从幼儿生活状态安全性的角度讲，当1岁多孩子的小手可以整体握笔的时候，就可以给孩子提供各类彩色笔，让其随意涂鸦。但是，家长需要逐步限制性地帮助孩子，提示其在什么地方画，而不是到处乱画。当孩子的小手骨骼与肌肉有了较精细的握、抓状态时，家长需要慢慢地让孩子学会握笔的常规方式与方法，并逐步引导其坚持以这样的方式握笔，逐渐形成习惯并自由涂画，千万不能强制要求孩子涂画时应该这样或者应该那样去做。

5. 婴幼儿为什么要涂鸦

孩子莫名其妙乱涂乱画的线描，在成年人看起来似乎完全没有意义。可是，人类生命早期的这一普遍的痕迹，是地球上其他动物所没有的，涂鸦是人类特有的文化现象。19世纪中叶，奥地利著名学者、画家齐泽克在公寓前面的墙壁上看到孩子在涂鸦，他被孩子无拘无束的状态吸引，恍然大悟，觉得这才是真正的儿童画。

（1）涂鸦是孩子生命成长的需要

你看过孩子在墙壁、门上涂鸦吗？涂鸦对于孩子来说，是一件了不起的大事。儿童美术教育家谢丽芳认为："儿童绘画（涂鸦活动）是孩子生命成长的需要。"人类最初通过唱歌、舞蹈来缓解内心深处的恐惧感，这是自我保护的需要，美术也同样如此，更多源自孩子自身生命的需要。

当孩子在母腹中时，子宫里的生存状态是最安全的，得到了母亲的保

基本理念篇

图 5-1

图 5-2

图 5-3

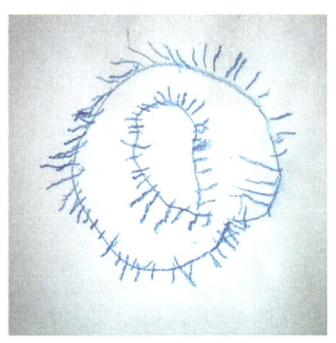

图 5-4

【本实验教学过程,教师先让孩子欣赏长沙马王堆汉代帛画(见图 5-1),特别是强化欣赏其中的局部"太阳里面有金乌"(见图 5-2)这一具有想象因素的画面,然后再欣赏宁夏贺兰山岩画中的太阳神图像(见图 5-3),引发孩子对远古人类创造太阳图形的联想。当教师撤下欣赏作品的视觉图像后,孩子根据自己的感受自由表现,于是,画面里的太阳形象(圆形)出现了(见图 5-4)。】

护。当孩子来到这个世界后,他就会感到恐惧,需要母亲的喂养,在与母亲的亲密接触中,他牢牢记住的形象就是母亲。所以孩子在画画的时候,一直在寻找这样的感觉。谢丽芳老师认为,孩子涂鸦期经常出现的封闭的圆,很可能就是母亲的脸。

(2) 涂鸦是孩子生命的律动

涂鸦活动是所有儿童身心成长过程中的一种发展现象,也是每一个学龄前儿童必然经历的肌体生长活动形式。孩子从出生不到1岁开始,某一天,他开始在纸上乱涂乱画。他的小手抓住笔,挥动臂膀在运动,孩子喜欢这种有节奏的依靠骨骼、肌肉的运动体验。当孩子看到自己行为结果的时候,增强了继续涂鸦的信心(见图 5-5、图 5-6)。

图 5-5

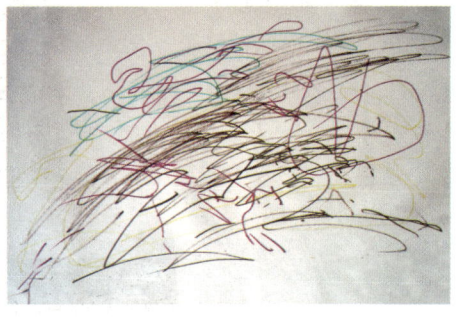

图 5-6

【这是一个不满周岁的孩子一个月之内的涂鸦。可以看出,在其涂鸦的过程中,对于线条运动的把握是有所发展的,父母可以从孩子涂鸦的运动过程中看到其生命的发展。】

孩子在涂鸦中表达自己知道的生活,表现自己想象的世界。涂鸦期在儿童心理学上也被比喻成奶牙期和口齿不清阶段,这是一个无造型阶段。具体表现为,孩子在涂画的过程中眼睛并不随着自己的画笔运动,所以说,它是孩子个体完全无意识的动作。这个时期孩子的粗浅经验与肌肉动作相关,表现为无意图、无预期的视觉性动作记录。

涂鸦活动作为孩子最初的经验,来自其对肌肉动作的满足,逐渐发展之

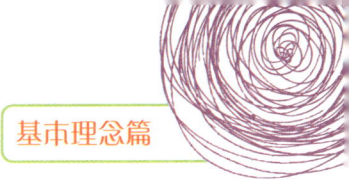

基本理念篇

后，则来自孩子对线条的熟练和视觉的控制。现代社会生活条件日益改善，家庭装修变得更为精致后，很多父母看到孩子的涂鸦活动，反而会产生强烈的反对意识。殊不知，这是在干预孩子生命成长过程中的自主表达与心境释放。另外，孩子用不同绘画工具（画笔）进行创作的动机，依赖其生长的环境。因此，我们要避免孩子自主的绘画表达能力被学校教育、家庭教育禁锢。

6. 涂鸦是孩子的第二种语言方式吗

孩子最早的涂鸦活动是与他们摆弄笔和纸的动作相联系的，在模仿成人用笔在纸上画的时候，孩子会发现留在纸上的痕迹——断断续续的、稍有弯曲的、有力无力的、颤抖的线。慢慢地，孩子会掌握用笔画线的功能，动作开始变得比较准确和有些变化了，画在纸上的涂鸦也越来越多样化。这些说明不了什么问题和表现不了什么形象的涂鸦期，可称为前造型阶段。

【图6-1是孩子用自己的涂鸦来诉说具体的造物转换。孩子此刻的表现也验证了这样的论点：涂鸦后出现的封闭的圆很可能就是母亲的脸。而且，造型中已经出现"蝌蚪人"图形样式与圆形的结合。孩子在画画的时候，一直在寻找这样的感觉。】

图6-1

给幼儿教师和家长的81条美术教育建议

大人们看着孩子，一次又一次从他们"旋转"的空间感觉出发，完成那些圆圈状的、漩涡状的身体运动，线条像丛林一样布满了画纸。"第一个命名的涂鸦作品通常是个圆形，或一般来讲是圆的形状，当这个形状在随意的标记中出现时，儿童看着它，任意地将这种形状重复。"[1] 有些孩子会不断地重复从上到下的动作或斜向一边的水平动作，形成了交叉状的图像（见图6-1）。

在孩子的涂鸦作品当中，线条开始有规律地排列，反复的涂鸦和有规律的线条表明，孩子开始发现可以通过自己的眼睛（视觉）来控制动作，从而控制自己肌肉、骨骼的运动，在孩子成长的这个时期，这可以说是一项了不起的成就。

自这个阶段开始，无论儿童受到了什么样的教育，用画笔表现自己对生活的感受与想法，是每个儿童独有的、除去语言之外的另一种表达能力。"当儿童能够完全靠自己的力量画出一个清晰的、有秩序的和完善的图形的时候，他们就会觉得做了一件极不平凡的事情！"[2] 涂鸦表现即是儿童的第二语言。

美术本身是一种交流体系，它具有语言功能，幼儿期的美术活动是儿童的第二语言活动。通过美术活动的交流，促进了孩子选择、重新组织、与不同媒介融合、表达自己的观念，帮助孩子了解自己，学会进行独特的观察，认识自己的情感，这是一个综合教育的过程。

[1] 赫维茨，戴. 儿童与艺术[M]. 郭敏，译. 长沙：湖南美术出版社，2008：64.
[2] 阿恩海姆. 艺术与视知觉[M]. 滕守尧，朱疆源，译. 成都：四川人民出版社，1998：233-234.

7. 涂鸦期是如何发展的

涂鸦，是孩子生长过程表达自我情感的一种工具。从涂鸦期开始的美术表达，可以分为三个部分：第一，涂鸦期的自由；第二，蝌蚪人的困惑；第三，图形的分化。

（1）涂鸦期的自由

孩子的涂画有一定的规律性。从图5-5、图5-6中可以发现，孩子涂鸦期的表达就是一些杂乱的线条，这个时期被称为涂鸦期的自由，在心理学上也被比喻成奶牙期或口齿不清阶段，这是孩子涂画表达的无造型阶段。孩子早期的涂鸦更像一种手臂运动轨迹的结果，此阶段属于孩子身体（手臂与手）本能的运动反应。

具体表现为孩子在涂（抹）画的过程中，眼睛并不完全随着自己的画笔运动。因而，证明了孩子的涂鸦期表达是由完全无意识的动作开始的。在这个时期，孩子的感受（感知）经验和手臂的肌肉（骨骼）动作相关，多表现为无意图、无预期的视觉性动作记录。孩子最初的这种表达经验积累，来自于其对自己肌肉（骨骼）动作的满足。

（2）蝌蚪人的困惑

什么叫"蝌蚪人的困惑"呢？2岁多的孩子在用铅笔、蜡笔、彩色水笔涂鸦时，常常伴随着自言自语，而且，他们一边看着图画书，一边说出某种东西的名称。当下时代的视觉图像冲击，似乎也没有影响孩子对涂鸦的自然喜好。那些圆圈以及在圆圈中的点点（眼睛、鼻子、嘴巴等五官）似乎反复出现。

突然，有一天，孩子画的圆圈上长出了棍棍样的手和脚来。这样的涂鸦样式叫作"蝌蚪人"。孩子为何会如此涂鸦呢？这是因为孩子用圆圈（脸）作为对人的辨识似乎是最恰当的理由。有的研究者说，孩子自己看不到自己的身体，因此会突然在圆圈（脸）上加上手和脚。这种"蝌蚪人"的表现图形也是世界上所有族群共同的生命现象（见图6-1）。

（3）图形的分化

随着表达的不断延续和经验的积累，孩子逐渐有了对线条表现的熟练性和对视觉的控制性。这个时期的孩子通过留下痕迹的手势和动作，开始对纸和笔的性能进行探索。例如，开始的线条杂乱无章，慢慢地，线条开始有了控制性。在画中，线条开始有规律地排列（见图7-1）。

孩子由反复涂鸦逐渐过渡到有规律的线条，这表明孩子已经发现可以通过自己的视觉来控制动作，最终达到控制肌肉的运动。这在幼儿时期是一个了不起的心理、生理发展成就。心理学家的研究证明，涂鸦活动是孩子感知生活世界的直接体验，在感知的基础上获得事物的形象，最终形成了视觉表象。

图 7-1

【图7-1 这幅作品虽然画出了楼房的外形，但内部线条凌乱、不规整，属于涂鸦的图形分化期。】

基本理念篇

8. 面对涂鸦，是否要问一问孩子画的是什么

在孩子的涂画过程中，父母都很好奇："你在画什么呀？""宝宝，这是什么？"孩子当时想到什么，成人便会得到什么样的答案。孩子也许会对图形说出"某某"事情，于是，这一回答把孩子原始的涂鸦活动，与成人已经太熟悉的语言世界生硬地连在一起。当孩子处于向成人（父母）解释其作品含义的压力下的时候，孩子往往会试图对自己的画面进行浪漫化解释，编出一个和其作品画面没有明显联系的故事。父母会发现，孩子画面里的图形似乎和生活里的某个熟悉事物存在着相似性，慢慢地，孩子就会流利地说出图形的含义，并且赋予图形一定的意义，学者们将此环节称为涂鸦的命名。

父母此时可以满意、自豪地向他人夸耀孩子的表现，殊不知这往往缩短了孩子图画活动的发展，使幼年期的美术活动没有得到自然、有机的成熟。

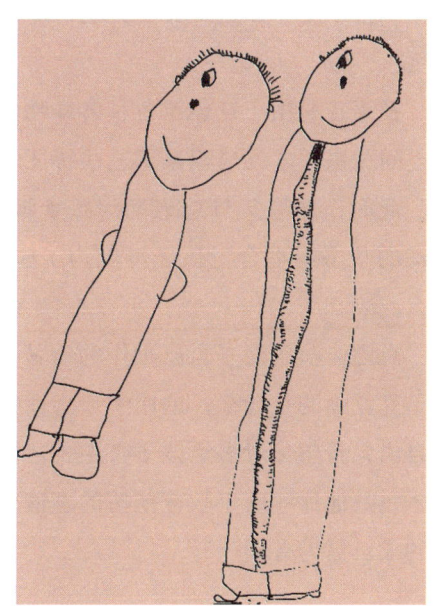

【图 8-1 这幅作品成人就无法强迫孩子去命名。画面中表现的是人物，但此刻的形态是棒状的人物，而不是"蝌蚪人"的造型。】

图 8-1

给幼儿教师和家长的81条美术教育建议

【图 8-2 这幅作品上有名字"大礼物"。但是，这个名字显然是在家长询问下孩子说出来的，于是，家长就在画面上写下这三个字。但作品的真实意思究竟是什么，可能只有孩子自己知道。】

图 8-2

因为，成人引诱孩子用语言道出某个事物（问题结果），是把孩子身上尚未分离出来的形象硬性地事物化。

父母需要知道，孩子早期通过绘画活动逐渐形成的知觉与思维，是自身智力发展的基础，并由身体运动知觉的发展，引起对物体特征视觉表象知觉的形成。2—3岁的孩子可以按照成人的要求，从形状、大小或颜色不同的物体中，较准确地选出一个与某物体相同的物体。所以，孩子关于物体特征视觉表象积累的经验，既取决于对实物的游戏行动，又取决于涂鸦活动对视觉和整个身体知觉发展的影响，即完成身体知觉动作时，掌握视觉定向的程度。

孩子正是由于认识了各种各样物体的特征——形状、颜色、大小和一定的空间关系，才逐渐积累了这些特征的表象，这对智力的进一步发展至关重要。此时，如果父母总想询问孩子画的是什么，这恰恰和孩子此阶段身心运动的状态不吻合，孩子可能为了应付爸爸、妈妈的问题需要，随便说个什么。

总之，孩子对于自己画作的命名，是一种自发的活动，而父母强制询问孩子究竟画的是什么，这属于干扰性的外力。孩子的美术活动需要的是宽松与自由，希望父母多给孩子自主表达的空间，只要孩子喜欢涂画，画的时候快乐，其他那些属于教育范畴的事情，可以稍微晚一点到来，这样，对于孩子的成长更为有利。

基本理念篇

9. 最恰当的美术教育引导是什么

教育家卢梭倡导自然主义的教育观。幼儿期的涂鸦活动，是孩子感悟生活后一种自然的表达。注意，幼儿涂鸦的自然表达并不抽象，虽然父母似乎看不明白孩子的涂鸦，但对于孩子来说，成人保护其涂鸦活动的"道法自然"状态，是孩子相当重要的成长过程。对于涂鸦期的孩子来说，切忌过度教育。

案例1：这是美术教育吗

某中学教师说，自己的孩子已经快5岁了，但是，他发现从孩子1岁多进行的"美术教育"（教学行为），不仅没有提升孩子的美术造型能力，反而让孩子感到厌倦，有时候还出现拒绝画画的心理状态。这位美术教师问我，如何解决孩子出现的问题。

我认为，如果要改善孩子对美术的厌倦心理，有效的方式是带孩子到"珠海南色儿童美术活动基地"❶这样的儿童美术教育机构里去玩，帮助孩子调节心境，改变原先父亲强迫其学画画带来的抵触心理。

在南色儿童美术活动基地，可以看到母亲带着孩子在进行自主的美术活动。

> ❶ "南色"所主张的儿童美术教育，反对将一个美术教育者定义为"教师"。美术不仅是一种技术，更是一种对美的认识。我们可以教给孩子美术的技法，但不能教给他们对美的感知。而"南色"所要做的，则是在不同的阶段使用不同的培养方法，启发孩子的独特性，并开放地接纳孩子个性化"美术符号"的表现，敏锐地意会其作品背后的精神寓意。"南色"倡导的是"不言教令，顺其自然"的新型儿童美术教育观，是从成人的语境里解放出孩子，让他们处在充满美感的环境中，在艺术家的引导下，自信、自然地表达自己对于美的见解和洞察，视美术活动为"游戏"，在纯真的创作中感知一个广阔的整体世界。

图 9-1   图 9-2

图 9-1 为南色儿童美术教育基地孩子的剪纸表现，图 9-2 为孩子的绘画表现，可以看到，在活动的案子上有这样的小牌子，上面写着提示语"轻声细语"，引导孩子在美术活动过程中，养成一种良好的习惯。

美术活动对于孩子来说，本来就是一种自发的表现活动。只是由于成人揠苗助长式的"教育"行为，才导致孩子在心理上产生对抗。还给孩子一个率真的童年，应该是儿童早期美术教育秉承的原则，特别是对于涂鸦期的孩子，家长需要以最大的耐心，为其创造条件，让其尽情游戏，彻底释放心境。

案例 2：心智涂鸦

深圳的龚江平老师，以涂鸦的方式开展幼儿期的美术活动（见图 9-3、图 9-4），而且，相当多的父母送孩子到这里，参与美术活动。这里的美术活动是一种完全性的涂鸦状态，孩子可以信手涂鸦，完成对不同美术媒介的把握。

龚江平老师将这一教育行为命名为——心智涂鸦。而且，开辟了网络平台专栏，与年轻父母共同探讨问题，例如，家庭如何支持孩子。在这个机构里，涂鸦成为一种美术活动的手段，是孩子游戏行为与主题活动整合的结果。

基本理念篇

图 9-3

图 9-4

　　涂鸦是儿童非常喜欢的游戏活动。对于这一阶段的孩子来说，画的是什么并不重要，重要的是在涂鸦活动中孩子的整个身体都在运动，一方面，自己的小手、手腕、臂膀运动逐步变得精细，另一方面，画面线条与身体动作的动感会产生身体与视觉的愉悦性。即便孩子进入美术主题活动课程中，恰当的涂鸦表现给孩子带来的感受，也是相当珍贵的体验过程。

　　父母最恰当的教育引导手段是，为孩子提供可以尽情涂鸦的环境。例如，现在一般家庭的居住条件都很不错，可以专门开辟出一个区域（在一面墙上安装三夹板，提供画纸及各种笔），让孩子尽情涂鸦。因为，"通过乱涂乱画，实际上儿童'给这个世界做了一个记号'"。❶

　　总之，经过早期的涂画活动，孩子可以开拓视野、训练思维、陶冶性情、增长智慧，发挥其想象力与创造力。千万不要低估孩子在画纸上留下的天与地，孩子笔下流淌出的颜色，这里有对世界的热爱，对生活的感悟、感激和向往。

❶ 赫维茨，戴. 儿童与艺术[M]. 郭敏，译. 长沙：湖南美术出版社，2008：60.

10. 为什么孩子的画面里总出现螺旋与圆形

圆形是最简单的视觉式样，孩子的眼睛对于圆形形状的优先把握，依照的是简化原则。例如，当刺激物比较模糊的时候，眼睛会自觉把其看成一个圆形（圆点）。从儿童心理发展角度分析，孩子涂鸦中封闭图形的出现，表明他们准备好建构画面空间的线条，同时，这个阶段的孩子也摆脱了动作上的强迫性冲动，圆形获得了全新的意义。

图 10-1

图 10-2

图 10-3

基本理念篇

假如成人给孩子提供不同的工具、材料，他画出的也都是圆圈。这个时期，孩子的画面里会出现很多大大小小的圆圈（见图10-1—图10-3）。孩子对圆形的发现，代表了一种既具有视觉表现力，同时又具有意思表征用途的早期形状，也就是说，这是一种能够承载孩子内心表征的象征意义的图形。

圆的运用，比其他的图形都更加有意义。为什么呢？学者戴尔·哈里斯在南非安第斯山脉，对土著的潘尼苏拉贝多因人的实验，证明了孩子所画的圆形与人物表达之间的关联性。研究者给很多原始部落里从来没有接触过纸笔的儿童提供了纸笔，他们拿到纸笔之后，首先开始画的就是圆圈，画圆圈之后直接跳向了人形的描绘。这个实验证明了圆形和人物形态之间的表征联系性。

图10-4

同样，学者伊丽莎白·阔特对肯尼亚儿童和成人的研究，因格瑞德和斯文安德森对纳米比亚黑巴部落成员的研究，都证实了这个观点。儿童涂鸦期出现的圆形，往往被赋予了"人"的意义。孩子"最初画出的真正表征性的形状就是圆形和椭圆形"。"因为圆形的简洁和完美，人的视知觉就会把它挑选出来，对它产生偏好"。❶孩子这个时期特别喜欢画圆圈，画好之后，会给自己的圆圈起一个名字，无论是瓶子、小船、石头……当孩子的涂鸦中出现封闭的圆形时（图10-4，4岁孩子用色彩表现涂鸦螺旋），表明孩子建构画面空间的心理正在逐渐形成。

❶ 格罗姆. 儿童绘画心理学：儿童创造的图画世界[M]. 李甦，译. 北京：中国轻工业出版社，2008：31.

在奥地利艺术家亨德瓦塞的作品中，出现大量的圆以及植物生长轨迹的图示。例如，他的作品中对于树桩的表现，还有在不同主题的画面中用线条勾勒圆圈，而且总是不断地延伸（见图10-5）。他的作品是在表现植物的螺旋，还是人类早期的螺旋，难以完全确定。

图10-5 亨德瓦塞
《地球上的树桩》

美术史研究学者分析，亨德瓦塞可能在模仿孩子的螺旋图式，进行作品表现。对比孩子涂鸦的螺旋与艺术家作品中的螺旋构成，孩子涂鸦中的螺旋（圆形）更多的是无意为之的必然表现，而艺术家画面中的线条是一种有意图的结构性表达。我们可以引导孩子关注自然生活中的各种螺旋现象。

77. 儿童画中的底基线与透明物象说明什么

孩子在绘画中经常出现两类画面形式：一种是底基线的运用，一种是透明物象的同时呈现。四五岁的孩子，能够逐渐分出物体上下、左右的位置关系，绘画时会在画面的下方拉出一条横线，然后在横线上面将房子等物象一

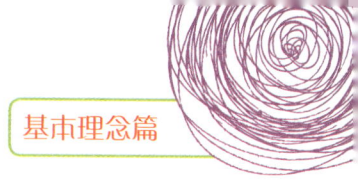

基本理念篇

字排列开来。这条线被称为底基线。现在我们通过作品来研究孩子这样的表现。

图 11-1

【图 11-1 中的这张画叫作《雁荡印象》，作者：早早。画面当中表达的是什么？来听听小朋友是怎么说的："这是雁荡山，这是雁荡山的瀑布，这是雁荡山瀑布下面的水草，红色的小人代表我自己，我在雁荡山里面玩。"】

图 11-1 画面中有一条明显的黄绿色线条，把整个景物规定在画出的空间里。早早小朋友 4 岁的时候第一次远足，地点是雁荡山。到了 6 岁时，他的脑海里充满对雁荡山的回忆。我们来看，早早小朋友对于雁荡山的描绘有什么样的特征。

早早小朋友把自己所描绘的物体，全部排列在画面的这条线上。在画纸的二维平面上表现出三维空间，对于孩子而言这是一个艰难的挑战。在早期绘画当中，物体在空间中往往是漂浮的、孤立的、散乱的，形体本身的边界明确，但相互之间却缺乏联系。随着孩子年龄的增长，他们会把相关性较大的物体安排在一起，根据什么来安排呢？就是横向排列，早早小朋友便是根据横向排列来组织湖面空间，他尝试让相关联的物体在画中相互接近，这样就产生了新的排序规则，这个规则赋予了水平线更多的优势，这也是底基线的雏形。跟画面下方相对应，在画面上方孩子往往会画出天空，这表明孩子此阶段已经体会到了天与地的空间关系，物体在画面上的位置关系逐渐清晰起来。

孩子绘画的另外一种特征是，经常出现透明的物象。这样的画面也称为"X 光画法"，也就是说孩子的画如同医院里的 X 光射线一样，将原本看不见的物体内部的东西，画得如同能够看到一样，这样的特征在儿童画中是很普遍的（见图 11-2）。

图 11-2

例如，常见的儿童画在表现公共汽车这个主题时，汽车上的人物都是透明的。这与民间美术中剪纸的表现非常相似，很多民间剪纸都表现了内部的人物形态。这样的表现在父母看来特别不合适，因为，成人总认为车厢应该遮挡人物的部分形态，能够显露出来的只有在车窗部分的头部、肩部等。图 11-2 和图 11-3 两个孩子的作品均采用了"X 光画法"。

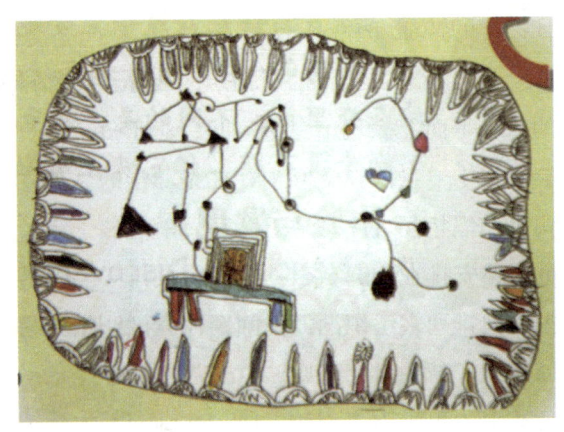

图 11-3

总之，孩子在用图画表现自己感悟到的生活世界时，既画自己看到的生活物象，也画自己知道的生活中的事情。底基线是孩子在感知世界的过程中，把握生活现象的一种特殊认识方式。透明的表现是其知道的生活世界中某个事物应该有的形象。

基本理念篇

12. 为什么儿童画中向四方展开的画面这样多

儿童画中将物体向画面四方展开的图式非常多。孩子为何把立体的东西用平面的方式画出来？难道孩子不明白、不知觉空间？难道孩子的智力有问题？实际上孩子把原本立体的生活物象用平面来标识，是其煞费苦心的独特意象，这样的画法是在思维支配下表现出来的，我称之为"自在其中"的心理状态。

孩子的心理状态通常具备以自我为中心的特征，因为，当一个孩子来到这个世界上时，总是以自己的思维状态来看待生活中的人和事物，他们的内心状态是自己在画面（生存环境）的中心，因此，画面上所有的线条、形态都向内包围着。

【图 12-1 剪纸作品《乌鸦喝水》中的树倒向四方，在孩子剪纸画面表现中，5 棵树木向画面的四方平铺。在画面中心偏左的位置，那一圈圈形态是一个大口的水瓶，里面的点状是小石子。孩子竟然将物体"压成"平面的"圈圈"。】

图 12-1

给幼儿教师和家长的81条美术教育建议

当孩子在描绘生活场景时,其思维状态依旧是以个人为中心看待问题。面对所要描绘的每个场景,孩子会将自己安排(隐藏)在画面的中心,例如,表现院落这样的场景时,自然就将栅栏的朝向用"包围"的图式来画(见图12-2、图12-3)。于是,出现了树木、人物、栅栏等物体都向画面四周展开的样式。

图 12-2

图 12-3

【图12-2《农家小院》为满族小学生笔下的院落栅栏。在孩子表现的院落中,画面上的木栅栏全部倒向了四方。即便孩子已经到12岁,他的知觉还是如此。图12-3这幅儿童画中的栅栏依旧这样画,可以说,全世界的孩子都具备这种知觉思维。】

图 12-4

【图12-4这幅儿童画中,6位小朋友分别向上、下、左边展开,孩子表现的画面是一个俯瞰的视角。】

这样的视觉空间感对于孩子来说,应该是画出自己知道的事物本身。如果父母看到了,肯定会说孩子画"错了"。究竟是孩子画错了,还是成人看不明白儿童画呢?看一看民间剪纸中的表现,可能会明白一些。

民间剪纸的造型也是这样的，物象是由画面的中心向四方展开（见图12-5）。民间剪纸《喂鸡》（见图12-6）中，整个栅栏的表现与孩子的表现一致，也采用了由空中俯瞰的视角，栅栏向四周倒去，鸡的造型是从上面看过去。这些都说明，"自在其中"的心理是导致这样造型的思维基础。从视知觉心理角度分析，可以说这是一种"另类"的眼光，也叫作视觉常性的观看方法。

图12-5　民间剪纸《圈养》

图12-6　民间剪纸《喂鸡》

13. 如何理解孩子以视觉常性进行主观表现

视觉常性和视网膜映像是两种不同的美术思维创造方法。在人的日常知觉中，视觉的恒常性对每个人的生活影响是显而易见的。例如，自己眼睛看到的，就是我们相信的实在物体。对于孩子来说，情况也是这样的。而且，孩子会将自己的这种视知觉感受，直接带入美术学习中，影响孩子对美术的基本认识（见图13-1）。

一般情况下，写实性绘画（再现的表达）是根据人的视网膜映像来表现，写实性绘画是生活物像的视网膜再现。在平面（画布、画纸）上相对准确、客观地再现视网膜映像的绘画技巧，早在文艺复兴时期就已成熟，这与当时的知识发展有关系，例如透视学、解剖学、色彩学的诞生与应用。

 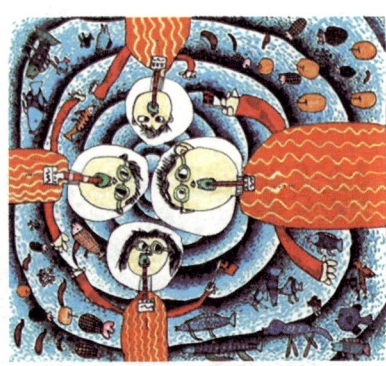

图 13-1　　　　　　　　　　　　　　　图 13-2

【图 13-1 中的图形以平展方式推开，画中的造型都以视觉常性的方式展开，由上及下，孩子用这样的形态样式将个人的视觉感受予以转化。】

【图 13-2 是一幅很著名的儿童画，画中的基本形态皆由螺旋构成，典型地将人物造型向四周倒去。】

另一方面，绘画中也广泛存在着根据人的视觉常性来表现的现象，尤其在民间美术、儿童美术作品中十分普遍。例如，古埃及壁画《水塘》是一幅非常能够说明问题的作品，在画面的中心位置，才能看到向四周生长的树木，这是"自在其中"、眼睛"转着"看事物的思维状态下的自主表达。这样的表现实际上是人对事物常态、常性的把握与创造。在儿童绘画中，这样表现的案例多之又多。成人需要特别关注这样的表达方式，在发现孩子画出这样的形态时，需要保护孩子的这种知觉状态。

案例：5 岁小朋友马葆程的"知觉场"

图 13-3 为马葆程小朋友特殊的空间表达，这幅作品的名字是《爸爸》，其意象性知觉状态一点也不逊色于艺术家毕加索的知觉表现。图 13-4 中的文字是马葆程的父亲记录孩子表现状态时的话语，应该为所有父母学习。

基本理念篇

画家的写实性绘画依靠视网膜映像的"科学原理"来造型，表现瞬间的静止形态。而孩子依靠视觉常性思维方式，表现出爸爸多时空动态的脸部造型。这是相当典型的视觉状态。

图 13-3

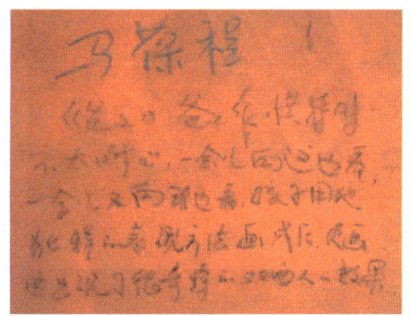

图 13-4

当下，写实美术作品被孩子的眼睛所接受（可以说非常认可），加上幼儿教师总是以写实性绘画的思维来要求、评价孩子的美术作品，因此，造成相当一部分进入小学的儿童，对美术的粗略认识仅仅停留在表达得"像"某物，这样的思维恰恰是最糟糕的，直接影响孩子美术思维的深化。因此，教师在日常的美术活动教学指导中，需要强化对于这方面的思考与分析。

14、孩子在家里乱涂乱画怎么办

在成长的过程中，擅长涂鸦活动的孩子，会在自己家中或公共场所的任何地方涂画，留下各种杂乱的表达痕迹。例如，在边远农村的乡间，孩子将

自己的涂鸦画到了茅厕的门板上，村子里祠堂的墙面、门板、地面上也都有他们涂鸦的痕迹。而城市中的孩子，随意的涂鸦也出现在别人家的大门上，或者其他可以任其自由表达的地方。

图 14-1

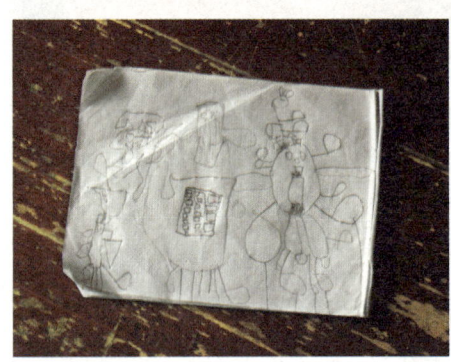

图 14-2

图 14-3

【图 14-1 是贵州农村幼儿园的孩子画在黑板上的汽车，图 14-2 是画在本子上的涂鸦，图 14-3 是湖南隆回下沙江瑶族山寨的孩子画在门板上的涂鸦。❶】

不少家长为孩子这样的状态感到烦心，普遍认为这样的行为是一种相当糟糕的事情，需要制止以及坚决反对。如何引导孩子感悟生活，尽情涂鸦，表达心境，而不至于在家中到处乱涂乱画呢？

第一，现在城市家庭的住房条件已经改善很多，每个家庭总能够开辟一处供孩子专门进行美术活动的空间。建议在家庭中空出一面墙壁，装上整幅的三

❶ 图片引自：谢丽芳，李绪洪. 还孩子一个率真的童年 [M]. 长沙：湖南美术出版社，2003：40.

夹板,让这个区域成为孩子涂鸦活动的专区。在三夹板上,家长可以随时更换纸张,包括纸张的大小、质地、表现工具的选择等,让孩子在这个区域里完成自主地表达。

第二,家长需要耐心引导孩子在这个区域里进行美术活动,而不是对其行为不管不顾,让孩子由着自己的性子来,将各类涂画痕迹留在家庭的每个角落。这样的家庭教育方式不能很好地引导孩子进行美术活动,而且难以让孩子树立做事情的规则与规范。

第三,美术活动应该让孩子养成一种做事情专注、耐心、有秩序感的习惯,而不是任其在家中乱涂乱画。在孩子早期的美术活动中,家长需要特别关注为孩子建立规则与规范的秩序性,引导孩子在作画过程中、在美术活动中养成安静、小声说话的好习惯。

这样的行为方式需要在美术活动中逐步形成,面对孩子在美术活动过程中的行为表现,家长需要及时制止其违反规则、规范的行为,慢慢地,让孩子养成做事情专注、耐心、安静的习惯。这样可以为孩子日后的学习生活奠定良好的基础。

15. 如何正确引导孩子的自由画状态

孩子总是以"自由画"状态来表现的时候,父母内心就会特别着急,也想弄明白孩子自由状态的绘画活动究竟要持续多久,一年?两年?这个时期儿童美术作品的独特性在于,满足孩子感悟生活世界的需要和宣泄情感的需要。因此,自由状态的绘画活动并不需要过多的指导,我们需要做的是,引导孩子用绘画的方法自主地表达情感,而无须进行一种专门的美术学科指导。这就是说,成人要在孩子并不知觉导向意图(或教学意图)的时候,就将所引导的表现主题传达给孩子，这样的引导方式，是借助美术活动而达成的宣泄情绪的过程。

有点知识背景的成年人都会认为艺术学习的目标之一，就是个人潜在创造能力的开启。但是，**每个孩子潜在创造能力的开启，包括着这个孩子个性生长或自我形象的变化**。例如，生活压抑、封闭的孩子，其心理被抑制性的状态所控制，他的绘画作品肯定是拘谨的表现样式。而具有开放性的、创造力潜能不断被释放的孩子，其作品表现常常是变化的、动态的，会随着美术活动主题的引导而跳跃、激荡，不是固定的。

因此，在较长一段时期的自由画状态里，父母应该为孩子提供充分的美术活动条件，让孩子尽情释放自己的心境，在美术活动中快乐地生长。但是，一般情况下，父母看到孩子的自由画状态后，多倾向于送孩子去儿童美术学习机构，力求改变孩子自由画的状态。父母这样的心态能够理解，但需要注意，如果送孩子进入违背儿童心理、生理发展规律的学习机构去学习美术的话，将对孩子一生的审美养成及人文修养带来难以预料的挫伤。

如果父母看着孩子自由画内心特别着急，不妨引导孩子画点生活里的写生。这样的活动对于孩子观察能力、记忆复述能力、视觉造物转换表达能力的发展都有好处。

图 15-1

图 15-2

【图 15-1、图 15-2 是生活物象写生。孩子用自己特有的观察来转换图像进行表现。特别小的孩子在观察的时候常常看得不全面，因此，在画面上留下的形态属于识别性的。】

父母看到孩子的作品时（见图 15-1—图 15-5），应该鼓励孩子大胆地用笔、用线来表达所绘对象的特点，特别要尊重孩子自身的视觉语言，也就是孩子自己根据感受留在画纸上的痕迹，尽可能地保护孩子的创作热情和无拘无束的天性。

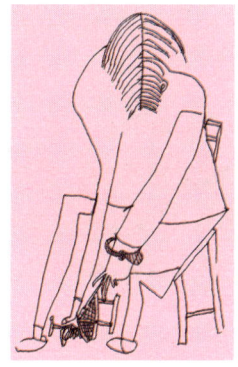

图 15-3

【图 15-3 这幅作品画得特别精彩，不仅造型生动，而且观察仔细。做家务的母亲（猜测是母亲）头发披散下来，遮挡住整个脸，究竟是看不到脸的造型，还是就这样大胆地塑造？只有小作者知道。】

图 15-4

【图 15-4 这幅作品是一个 4 岁多的孩子所作。小作者对于人物各个部位进行了较细致的观察，形象地表现出人物扫地的动作。从图中可以看到伸长的手臂，还有弯曲的笤帚，形态夸张。】

图 15-5

【图 15-5 这幅作品的小作者生动地刻画了正在看报纸的老人。而且，报纸的内容为"股票"方面的消息，说明孩子观察得很仔细。】

在学前教育美术学科的知识体系中，概念和方法最好不要生硬地去教，无论父母还是幼儿教师，都要用理解和包容的心态看待孩子的作品。18世纪法国教育家卢梭说过，在教育中要把孩子看成孩子，在他们心灵还没有具备种种能力之前，不应当让他们运用他们的心灵，因为他们还处于懵昧的状态时，你给他一个火炬，他是看不见的。也就是说，父母和幼儿教师在辅导孩子绘画的过程中，必须按照儿童绘画的发展阶段给予关注，任何超越自然规律的做法都是不恰当的。

另外，也要随着儿童心理、生理的发展，不断培养孩子的各项感官功能，丰富和发展孩子的认知水平、感知能力和审美感受力。实际上，孩子没有成人在一旁督促，也可以画得很精彩。之所以出现这样、那样的问题，不是孩子的问题，其实是成人的观念出现了问题，导致孩子不会画，画面拘谨。只有改变观念、改变思维，孩子在美术活动中才能获取对一生可持续发展必需的基础素养。

16、为何强调孩子在美术活动中的自主选择

孩子在幼儿园的美术活动里，面对多种美术材料、工具、美术表现的自主选择，在整个幼儿期显得尤为重要。幼儿教师应该积极引导孩子自主选择，绝不是命令孩子"今天做什么"这样的被动接受。教育部《3—6岁儿童学习与发展指南》中明确规定艺术领域中的美术活动，应在遵循儿童心理、生理发展规律的基础上进行。

孩子需要一种自主、能动的教育方式和环境，只有尊重孩子的个性与心境，以此，才能让孩子逐步养成自己的一套"精神性"甄别体系。这样才能使幼儿园的美术活动，真正回归到儿童生命本质意义的角度，令其能够自由表现、自然释放，感受美术活动的愉悦，体验视觉图像造物转换的快乐。

基本理念篇

案例1：澳门幼儿园的美术活动

澳门明爱幼儿园提出，幼儿美术教育活动透过"视觉艺术"这个途径、媒介、理由，表达幼儿丰富而不为人知的内心，即是说，"美术"是幼儿的另一种语言。视觉艺术活动涉及幼儿心理及感官的发展，因此，精神性的"选择"在孩子生活中的位置就显得尤为重要。明爱幼儿园倡导在整个艺术活动中，积极引导孩子"选择"，而不是被动接受来自成人的命令。

图16-1 | 图16-2
图16-3 | 图16-4

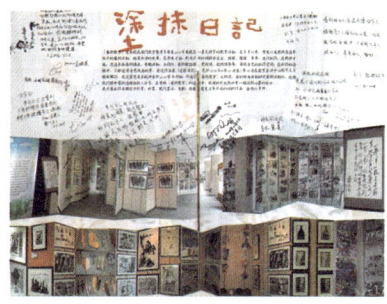

图16-5　　　　　　　　　图16-6

给幼儿教师和家长的81条美术教育建议

从图 16-1—图 16-6❶ 中可以发现，澳门明爱幼儿园的美术活动有涂鸦、写生、涂抹日记、美术馆欣赏学习等。这样自主、自发的美术活动，内地各省市幼儿园应当学习借鉴。

另外，美术活动中的自主选择关系到孩子非智力因素的培养。我们需要明白，知识并非一种智力能力，知识也不单有感知、记忆、想象、思维、创造等成分的参与。在着力培养孩子智力的同时，注重培养孩子非智力因素的心理品质更为重要，如情感、意志、兴趣、性格等。孩子在美术活动中需要从条件、专注、自信三方面实施引导并加以强化。心理学家将"条件""专注""自信"这三种非智力因素归结为个体取得成功的重要影响因素。

①条件：客观环境所形成的各种机遇，自己主观上所做的种种努力。
②专注：把易于松散的意志贯注在一件事情上（成人：对事业的高度责任感、百折不挠、锲而不舍的精神；孩子：强烈的好奇心、求知欲望、对正在进行的事情所倾注的感情）。
③自信：每个孩子都先天自信，又先天自卑，因为自己生活的世界太小，井底观天当然自信。

孩童时期的美术学习，对于这三种非智力因素的培养有相当明显的作用。例如，当某年龄段孩子有效注意时间为10分钟时，孩子拿起画笔可以专心致志地画大约20—25分钟。专注，可以培养孩子的意志，提高孩子的自律能力，养成良好的学习习惯。而且，美术活动对于孩子意志力的养成，对于按照规范完成一件事情的秩序感的形成，都有着其他学科教育无法替代的作用。

❶ 图 16-1—图 16-6 选自澳门明爱幼儿园关勇老师在2010年广东美术馆会议"艺术作为途径——视觉艺术与儿童成长"的PPT内容。

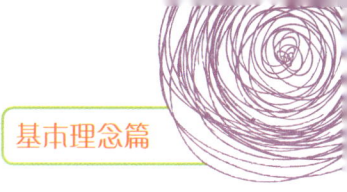

基本理念篇

案例2：德国作家茨威格会见罗丹

德国作家茨威格曾经记录了同法国雕塑家罗丹的会面情景——一次被"冷落"的会见。罗丹当时的精力正倾注于他的雕塑上，完全忘记了邀请来的客人。而茨威格仍旧用火热的语言这样描写："再没有什么像亲见一个人全然忘记时间、地方与世界那样使我感动。那时，我参悟到一切艺术与伟业的奥妙——专心。除了追求完整的意志而外，把一切都忘掉的热忱，没有别的秘诀。"

总之，美术活动是将无结构的精神，以有结构的画面、形体、构造等形成表现出来，这样的创造活动增强了孩子对世界的感受能力、领悟能力和适应能力。这些基本素质的培育、积累，可以激发孩子自身的潜力。

17、如何指导孩子美术——与年轻妈妈的对话

一位刚刚做妈妈的美术教师十分关注自己孩子的成长。这样的年轻母亲我接触过多位，如何指导孩子的美术教育是一个系统工程，需要年轻母亲持续关注孩子在活动中的身心细节，更需要自身修养的支撑。以下为一次对话的实录。

家长：我儿子八个月，我想以他为研究对象，探索儿童美术教育，但是我教高中，没有深入研究过儿童美术教学。

笔者：这方面的问题很重要，现在需要观察，不需要教育（教学），尽量为他创造条件，以美术活动激发其创造性思维。

家长：我读了您的文章，觉得自己欠缺理论，感觉自己没底气和您谈美术教学。

笔者：每个儿童均有自己的精神哲学，这句话听起来是宏大的，孩子为什么有精神哲学呢？哲学是什么？哲学就是爱智慧！每个孩子都有爱智慧的特点。但是，大多数母亲却不知道，总以为自己应该教给孩子一些什么。实际上，在美术活动中孩子如何表现不用教，孩子在接触这个世界的过程中，很多时候是靠着他的知觉经验自己成长的。

美术活动是幼儿最喜欢的，所以，要为他准备充足的材料，让他充分活动，如涂鸦、撕纸等，这些都是成长最需要的。然后将孩子的这些过程随时拍摄下来，这也是母爱的体现，孩子自身能够感觉到这种爱。

在拍摄的同时，需要做的事情是——倾听。听什么？要认真听孩子唠叨他正在做什么，此刻用录音笔记录，再整理出来进行研究。很多年轻妈妈、爸爸以工作忙为借口不做这样的事情，实际上耽误了孩子的成长。而且，孩子这样的状态持续的时间越长，你的收获就会越大。你会发现，孩子在美术活动的引领下，变得越来越有智慧，而且经常让你大吃一惊！这就是儿童美术与人的发展之关系。

家长：比如现在可以让他撕不同颜色的纸，我来记录过程，之后慢慢开发活动、游戏的内容？

笔者：任何质地的纸张都可以，也可以让孩子缠毛线，现在毛线不太常见，可以到织毛衣的店铺里要点毛线头，回来洗干净，再让孩子玩。或者用棉线绳也可以，接触这些材料的过程都非常重要。因为，这就是美术创造的开始。这些材料对于儿童是没有危险的，可以操作。至于画画，可以在家里开辟一面墙，装上一张大的三夹板，随时换纸，方便孩子涂鸦。

家长：孩子多大可以开始涂鸦呢？

笔者：有的孩子8个月就开始涂鸦了，一定要将这些活动"痕迹"拍摄下来。先观察孩子在这些活动中有什么反应，写出育儿日记。你会发现，孩子在进行上述活动的时候，一边画，一边自言自语地说，这正是最精彩的时刻。

家长：是啊，我发现他开心的时候会自言自语，手舞足蹈。最喜欢摆弄广告纸，但是喜欢用嘴去咬，所以我就杜绝了。

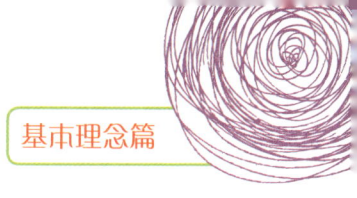

基本理念篇

笔者：管理孩子，不能用嘴巴，要用手，这是在建立一种秩序。

家长：我很想尝试，争取坚持下去。

笔者：当孩子形成秩序感后，就有美术表达的感觉了。

家长：小宝宝会听话吗？他已经有自己的"想法"了，比如不给他一样东西时他会哭。

笔者：对于自己的孩子，很多妈妈都说想坚持研究，但由于各种各样的原因，能够坚持下来的很少，所以，如果想研究，就要有巨大的耐心！孩子是需要调节的，哭也是一种运动。但你要帮助他、引导他。

家长：面对自己的孩子，经常会发现不知所措。

笔者：孩子在接触生活世界的时候有很多主观想法，这是其智慧产生的基础，但是，对于以自我为中心的宝宝，需要成人的引导。

家长：再次谢谢您，我今天开始实践，争取下次用实例向您请教。

18. 年轻父母也需要学习美术吗

我们的生活离不开美术，美术与人类的生存需要有着某种必然而深刻的联系。美术，对于一个家庭来说，涉及衣食住行的各个方面。无论是家居、衣装、用具、家电、网络信息、饮食等，都与美术有密切的关系。年轻父母从成家、育儿、抚养，到孩子的早期教育，所感受到的一切都涉及美术的元素。因而，年轻父母自身美术素养的积累，需要与教育孩子同步展开。具体途径分为以下四个方面：

第一，家庭阅读。涉及美术文化的著作无论是引进版的译著，还是国内学者的著作，目前有很多，例如，"艺术眼"系列《写给大家的中国美术史》、《写给大家的西方美术史》等图书。供孩子阅读的绘本也可以成为父母与孩子共同分享的精神食粮，与孩子阅读绘本的过程中，年轻父母必然会获得一定的滋养。

第二，参观博物馆。参观博物馆应该成为未来中国家庭文化的生存状态，因为博物馆是提升公民素养最有效的场所。家长与孩子共同到博物馆，感受人类艺术文化的经典作品，对于提升个人修养特别有益。在接触博物馆艺术文化的过程中，对于儿童美术教育的认识水平也将得到提高。

图 18-1 展示了大人和孩子在纽约当代艺术博物馆观看大屏幕介绍，从图 18-2 可以看出，每个博物馆都设有教育中心，孩子席地而坐上课。图 18-3 为孩子排队进入博物馆教育中心上课。图 18-4 为孩子在纽约当代艺术博物馆工作室。❶由此可以看出国外家长的教育观念，博物馆教育成为其家庭生活的一部分。

图 18-1 | 图 18-2
图 18-3 | 图 18-4

第三，网络学习。网络是目前社会最直接、最普遍的学习平台。年轻父母群体

❶ 图 18-1—图 18-4 摄影：刘疏影。

对新事物的接受能力强,在网络信息中,均有对于儿童美术教育的引领性资源,这样的学习对于年轻父母自身素养的提升大有帮助。总之,年轻父母在教养孩子的同时,还可以强化整个家庭文化的氛围。

第四,研究孩子。这个要求对于普通的年轻父母来说可能无法做到,但是,有一些知识背景的父母可以尝试。早在1956年,当时的南京师范学院(今南京师范大学)发布了我国著名教育家陈鹤琴先生,对儿子陈一鸣1—16岁的儿童画研究,此成果至今仍被全世界的教育学者所推崇。

年轻父母虽然不可能像陈鹤琴先生那样既精通教育学、儿童心理学,又深谙美术教育原理,可以把研究做得很深入。但是,年轻父母如果能够持续关注孩子的每一幅涂鸦与表达,细心地将孩子的画收集、保存起来,这样的过程对于家庭、对于孩子的成长,都将是非常有益的事情。在这个过程中,年轻父母对于美术的理解与认识也会随之提高。

19. 孩子笔下的美术形象应该是逼真的吗

判断学前儿童美术表现的形象逼真与否的标准是什么呢?年轻父母、幼儿教师往往想得很简单,认为只要拿孩子在某主题中表现的形象,与"现实生活"所看到的事物形象直接对比,就可以判断、评价孩子的作品是否逼真了。事实与此恰恰相反。

(1)会写字的孩子其画面中的形象并非是逼真的

吴墨卡小朋友已经会写字了,但是他笔下的形象并非都是逼真的,虽然从他的画面中(见图19-1)似乎可以清晰地辨别出"半橱""房子"等形象,但是,成人千万不能以形象逼真的标准评判孩子的画。虽然孩子的认知由混沌的涂鸦逐步走向写实，但如果成人总以逼真来评判孩子绘画的作品，往往扼杀了他们全面发展的美术潜能。

图 19-1

图 19-2

再看看美美小朋友4周岁时的作品，她的笔下出现了明确的形象——小白兔（见图19-2），而且也会写自己的名字。这是孩子美术能力发展过程中很自然的现象。此刻，成人千万不能顺着孩子出现某种形象的画面，要求孩子把某主题的物体画像"逼真化"。当今时代，数码科技、网络信息技术高速发展，视觉图像信息的传达速度令人应接不暇。今天的幼儿（特别是城市的孩子）所接触的事物丰富多彩，心理成长与变化加快，因而，必然影响到这个阶段的涂鸦内容和表现主题。

（2）并非所有图画都有清晰可辨的形象

美美小朋友这两幅作品（见图19-3）与前面的《小白兔》（见图19-2）是同一时期的作品。但是，这两幅作品中的形象就不容易辨别清楚是什么。虽然美美小朋友在画的时候，小嘴巴不断地向妈妈诉说自己画的是什么，此刻，美美小朋友把自己对某主题形象的自我感悟独立表达了出来。

孩子一边涂画，一边自言自语、含混地说着他所表达的意象。随着年龄的增长，涂画出的图像越来越丰富地表达了孩子对接触到的生活现象的基本认识。在这个过程中，儿童有着个人的精神哲学——独特的智慧，这是儿童最可贵的精神财富。但是，大多数情况下，这种精神财富在幼儿期往往被成

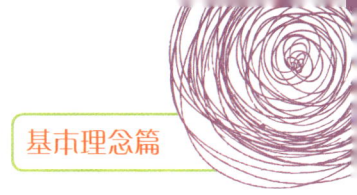

基本理念篇

图 19-3

人扼杀了，这样的情况是相当普遍的。

因此，成人需要记住阿恩海姆的这句话："对原形进行机械复制，只能妨碍对艺术形象的理解，用这样的方法去创造艺术品，无异于艺术生命的自杀。"❶ 学前孩子涂鸦期的几个阶段，无论是未分化的涂鸦，还是控制性涂鸦、圆形涂鸦、命名涂鸦，都在交叉的发生变化。年轻父母和幼儿教师对孩子进行保护性引导是至关重要的。

20、让孩子的眼睛"看见"

随着视觉图像信息化社会的全面到来，孩子所处的生活状态到底是知识爆炸还是信息爆炸？很多人都说现在是一个知识爆炸的时代。其实，我们所面对的世界并不是知识爆炸，而是信息爆炸。

当然，我并不反对信息时代给人们的社会生活带来了极大的方便，但是信

❶ 阿恩海姆. 艺术与视知觉［M］. 滕守尧，朱疆源，译. 成都：四川人民出版社，1998：166.

息时代的负面作用也在出其不意地影响着我们的思想。例如，在网络上，我们是在浏览知识还是在浏览信息？实际上，大家每天上网，看起来是在浏览知识，其实只是在浏览信息。知识和信息的区别是：

第一，简单的语言陈述或描述是信息，表述深刻内涵、抽象的概念与论点是知识；单一的图像呈现仅仅是信息，经典美术作品图像不仅传递信息，而且隐喻知识与文化意义。

第二，简单地描述某一事情或浅显的概念是信息，成体系地解释某一社会现象的理论或概念表述是知识。大量以刺激感官为目的的网络图像传递并不是知识，仅仅是为了制造某些噱头而吸引眼球的鼓噪之术。今天，孩子的大脑里塞满了各种各样的信息。

在过去时代里，有限的信息传递可以马上把孩子带到知识的海洋中去探究。可是今天的孩子被各种各样的信息刺激包裹着，特别是孩子的眼睛被各种不良图像信息污染着，这些信息阻隔了孩子接触美术知识与文化。

当我们体会到信息社会给生活带来好处的同时，也要看到它极大地浪费了人们的时间与精力，特别是让孩子刚刚开放的大脑空间里，装进了太多不应该直接通向美术知识与文化的信息。孩子所追求的信息的好玩和有趣性，已经超过了以前人们追求知识反映真实世界的强烈动机。在美术学习中这样的问题相当突出，大多数孩子的眼睛根本无法"看见"，也不会辨别美与丑，孩子的眼睛沦落到最低生存水平的一种本能之看。

所以说，今天的社会虽然在大量地制造着信息，制造着眼花缭乱的图像，其目的是为了让信息更好看、更吸引人，但是，父母与教师需要明白的是，**美术知识与文化本身并不一定好看**。为什么在幼儿园进行美术欣赏活动的时候，很多孩子呲牙咧嘴地说"真难看"，因为，孩子根本不明白"好看"是什么。在学前教育中，孩子被强制在"小学化"的应试教育的范畴中，一旦在学习知识的过程中遇到困难就会觉得意外，殊不知，在今天的社会变革中，学习知识和浏览信息并不是一回事。

教师要做的是，重新理解艺术教育的本质，理解儿童美术教育与人的可持续发展之间的关系，让孩子的眼睛真正"看见"。

基本理念篇

21. 美术活动如何激发孩子的思考

　　美术是一门最能够启发孩子创造性思维的学科。可是，现实情况又是如此不尽如人意，各类知识和垃圾信息混杂在一起，分散了孩子的注意力，以应试教育体系为核心的学校教育，一直在肢解着各种美术知识与文化。如何激发孩子在美术活动中思考，关键是美术教师要引导孩子改变思维方式，开拓眼界，深化对美术表现的认识和理解。

案例：撕碎的纸张可以做什么

　　在一次美术活动中，教师将语言描述与演示相结合，把一张图画纸撕碎，然后问孩子："撕碎的纸张重新整合在一起可以变化成什么？"在习惯性思维的控制下，从孩子的表情可以看出，此刻他们还想不出这些碎纸可以做什么。

 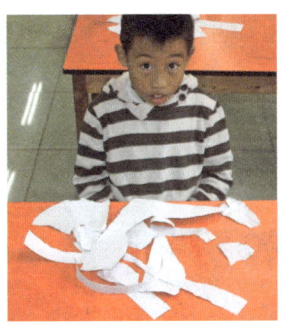 

图 21-1　　　　　　　图 21-2　　　　　　　图 21-3

　　图 21-1，纸张撕成方块状，似乎不容易重新整合；图 21-2，孩子瞪着眼睛看老师，自己的脑子里暂时没有任何想法；图 21-3，没有想法的孩子只

给幼儿教师和家长的81条美术教育建议

有看着老师傻笑。幼儿的思维已经被固化，需要美术活动的创意去激发。

孩子此刻的心境实际上很无奈，因为，的确没有创意性的思维可以支撑自己，他们无法认识和理解纸张撕碎之后可以构成什么。后来，在老师的引导下，孩子开始发挥想象力进行创作（见图21-4）。

从孩子完成的作品来看（见图21-5—图21-8），这样的精彩瞬间不仅让孩子情绪高涨，而且在场的父母也感叹美术活动的创造力，改变了孩子原有的固化思维。

图 21-4

图 21-5	图 21-6
图 21-7	图 21-8

基本理念篇

在目前的生活状态，孩子在美术活动里首先需要学习如何管理信息，因为，真正的美术学习过程不需要太多信息的刺激，而是要在美术文化问题的启迪中，生发孩子的好奇心和探究欲。比如，幼儿园美术活动可以在某个主题引申的文化意义中引发孩子的探究和思考，这样，有利于孩子的成长，有利于他们未来的可持续发展。

此外，幼儿教师要让孩子在美术活动中时刻感受到震撼与激情；让孩子感到快乐，思维得到释放；让孩子感觉到上了美术课之后，自己到底有什么不一样的变化。

22、家庭如何为孩子的美术成长提供条件

（1）幼儿涂鸦期的保护

对于幼儿涂鸦期的保护，关系到幼儿的视觉经验以及视觉思维的发展，其涂鸦期的每个细小环节都是非常重要的。这里需要家庭和幼儿园从两个层面展开引导性的教育工作。但是，实施涂鸦期美术活动发展的保护与指导，并不是一件能够完全控制的教育行为，特别是在家庭层面上，更无法保证引导的全面性、持久性和有针对性。

最为理想的家庭教育行为是，在家庭的装修中，能够为孩子设立专门的涂鸦墙（见图22-1），让孩子有规律、守秩序地在这块场地

图 22-1

进行涂鸦活动。涂鸦墙可以用整张的三夹板或五夹板，专门固定在孩子房间的墙壁上，再准备不同质地的纸张或其他各种工具和材料，供孩子进行涂鸦活动。

类似图22-1这样宽大的墙面不仅为孩子提供了涂抹、游戏的空间，而且还可以促进其肢体运动的发展。例如，当孩子在命题涂鸦时，口中自言自语地说着："大—汽—车—"，边走边画、边跳边画，不仅有了对整体形态塑造的感受和体验，而且四肢得到活动，身心同时达到愉悦。

有秩序的涂鸦活动，需要准备多种工具与材料，父母要耐心地引导孩子，与孩子一起收拾每次活动后的作品、材料等杂物，并聆听孩子讲述他所表现的内容和心灵的感受。及时换上新的纸张，让孩子自由表达，抒发自己对生活的感知。

涂鸦墙的具体设计方式有许多，家长可以根据自己的住房情况和条件为孩子准备。涂鸦活动也并不单一指绘画表现，还包括各种纸材的撕、贴、构成等。另外，最重要的一点，家长在为孩子的涂鸦活动提供条件的同时，还应当及时与教学观念先进的美术教师联系，以便随时对孩子的涂鸦活动进行跟踪性研究，并提出相应的引导意见。

（2）养成美术视觉阅读习惯

孩子对美术的视觉阅读习惯养成，首先是在家庭的生活氛围里积累的。因为，孩子常态生活里观看何种视觉图像，是需要家长引导的，早期的视觉审美培育要成为普通家庭生活里的一部分。

例如，在生活中孩子看什么样的电视节目，阅读何类图书，是否看图画书，都需要家长早介入、有针对性地进行引导。特别是在智能手机全面普及之后，手机图像信息对于孩子视觉审美的影响特别大，家长需要关注许多细节问题。

第一，如果家庭经济条件允许，建议专门购买经典的图画书（绘本），供孩子阅读，在阅读经典图画书的过程中，也考量家长自身的审美水平，因为，陪伴孩子共同阅读的过程，也是家长自身成长的过程。

第二，家长需要特别关注电视节目、网络视听节目的观看。孩子的眼睛

基本理念篇

原本很真,但如果在幼儿期摄入一些诸如凶杀、暴力、色情的视觉图像,对于其成长的影响是相当不利的。因而,家长需要有针对性地为孩子下载(整理、存放)一些有文化品味的影视作品(动画片或其他视频节目),专门让孩子欣赏,而不是以自己工作忙为缘由,对孩子的视觉审美状态持放任态度。

第三,走进博物馆应该成为当代城市家庭的生活状态。博物馆的视觉观看是一种非常重要的提升美术素养的途径,家长要为孩子创造这样的机会,让博物馆、美术馆成为孩子心中的"圣地"。由此,改变眼光,改变思维,提升生活品味与质量。

23、美术学习为什么要从眼睛观看起步

谁都有一双眼睛,也都能够观看事物,难道还需要特别的培养吗?100多年前,艺术教育家丰子恺先生曾做出精辟的论断:"美术是为了眼睛的要求而产生的一种文化。"美术教育作为审美教育,包括"如何看"的思维方法引领,是学前儿童美术活动中最为重要的养成教育。依据"美术课程凸显视觉性"的性质,学前儿童美术活动也应该从"人的本质力量"这一哲学视角,来定位并审视问题。孩子在其一生发展中所需要的本质力量,如马克思所言:"能够感受形式美的眼睛。"这一本质力量的核心是"立美",如何立美则需要眼睛的独特观看。孩子自身"立美"能力的形成,需要恰当的美术教育方法和引导手段,并经过相当长的一段教育时期才能逐步建立。

在视觉图像霸权的时代,各类图像一直在刺激着人们的眼睛,孩子本身并不明白何为美,更不知道美感经验为何物。孩子缺乏一双辨析美感的眼睛,生活里如何辨别、筛选视觉图像似乎是一件很难的事情。面对眼花

给幼儿教师和家长的81条美术教育建议

缭乱的生活世界,孩子应在选择性、批判性中达到自主体会和辨析,而不是全盘接收,只有这样其美感经验的积累才能得到保障。

西方发达国家的孩子,从小就有特别重要的视觉养成经历,那就是博物馆教育的滋养。我国民众在这方面的意识与素养还处于一种较原始状态,普通公民可能没有意识到,孩子审美素养的培育应该成为其生活的一部分。事实上,在家庭教育、学前教育中,"立美"的培育工程应该引起我们的重视。

孩子审美感受发展的重要性在于,孩子的眼睛在幼年阶段如何从"生活的看"转变为"艺术的看"?如何将对视觉物象的感受进行造物转换的表达,这需要解决以下三个方面的问题。

第一,早在20世纪80年代,著名学者屠美如先生就痛心疾首地批评,在学前儿童美术教学中,"用'简笔画'为工具的速成法施虐全中国"。虽然她的学前美术教学研究团队经过30年的时间,以培养儿童对美的感受、理解和创造为目标,经历了"儿童艺术综合教育研究"的漫长历程。但是,现今全国范围内幼儿园绘画教学,依旧广泛存在参照简笔画图形范作,借孩子的手机械地表现教师的想法的状态。这样的教学不仅违背了儿童心理、生理的发展水平,而且严重影响与制约了孩子对美术本质的理解。这样的教学与幼儿的生活经验失去了关联,无法调动孩子身心整体知觉的表达。

第二,学前儿童美术能力的发展,分为绘画能力、手工能力、美术欣赏能力三类❶。美术欣赏能力是幼儿感知自然美、美术作品、美术家、美术文化的最主要的能力。为了适应孩子兴趣点持续时间短的心理状态,幼儿园常规美术活动时间大多控制在20分钟左右。但在幼儿园日常教学中,较少有教师能够为幼儿提供系统的美术作品欣赏活动。如何引导孩子完成感知与表达的美术学习活动,以课程体系整体推进,介入幼儿早期美感经验的积累,是幼儿园美术活动中的又一个难点问题。

第三,儿童的艺术感觉与思维的变化,是通过早期与艺术作品和艺术家的接触而形成的。孩子的好奇心决定了其自身喜欢玩味材料,在生活世界里,他们热衷于探究各种材料的功用,能够娴熟地使用这些材料。实际上,无论对

❶ 参阅:边霞. 幼儿园美术教育与活动设计[M]北京:高等教育出版社,2009.

基本理念篇

于儿童还是成年人来说，这些兴趣都是与生俱来的，它们体现了人类进行视觉交流、体验胜任感和理解周围世界的需求。❶多样的美术工具材料在美术活动中的广泛应用，在丰富学前儿童美术课程作品呈现形式的同时，也刺激和吸引了幼儿潜在的创造意识。在面对这些媒材的时候，孩子往往对某些工具材料表现出兴奋的情绪。在美术活动中如何引导孩子学会规范地使用工具材料，进行感知与表达，是学前美术教育活动中的重要问题。

24. 孩子发现了什么

生活在等待着我们去发现。每一个孩子从降临到这个大千世界的那一刻起，就迫不及待地睁开眼睛，好奇地观察着身边发生的一切。在一次又一次的观察中发现，在一次又一次的发现中积累自己的认识，在一次又一次的认识中产生创造的想法。这个世界中的一切，对于孩子来说是那么奇妙，除了身边的妈妈、爸爸以及家中的各种近景镜头，还有天体中的太阳、月亮、星星，风霜雨雪、冰凌凝露、电闪雷鸣等，大千世界逐一向孩子显露它的壮观景象，而世界上很多成功的发现都来自孩子。

案例1：世界上很多成功的发现都归功于孩子

在西班牙有一个叫作阿尔塔米拉的地方，一位考古学家已经辛勤工作了4年多，并没有考察到黑暗石窟顶部有壁画。1879年的某一天，这位父亲带着孩子，走进山洞继续挖掘，跟随他进入洞穴的小女儿突然间大叫一声，"爸爸，你

❶ 史密斯，等. 教孩子画画［M］.贾茜茜，译.长沙：湖南美术出版社，2008：2.

看——"孩子发现了洞穴上方描绘的马、鹿、牛……这就是原始人用他们的眼睛所捕获的喜悦。大家现在看到的图像来自西班牙的洞穴壁画（见图24-1）。

小女孩告诉父亲洞顶的"牛"的同时，也阻止了他继续专注地向地下挖掘。那些红色、暗红色、褐色的野牛、野鹿……从此成为艺术史上惊人的发现。但是大家可能没有这样想过，在距今大约上万年的原始社会中，原始人在洞穴当中、在岩石上画下了牛、马、鹿这样的动物，彼时他们眼中闪烁着的喜悦，这些壁画告诉人们，他拥有了这些牛、这些马、这些鹿。

图 24-1

案例 2：发现拉斯科洞穴

拉斯科洞穴壁画也是孩子在郊游时的一个巨大的发现，才使得它跨越了一两万年的孤独与寂寞，与现代人重逢。1940年，多尔多涅乡村的四个孩子带着狗在追捉野兔，突然，野兔不见了，紧追的狗也不见了，孩子这才发现野兔和狗跑进一个山洞，他们带着手电筒和绳索也进入洞里，结果孩子发现了一个庞大的画廊，这就是同阿尔塔米拉洞齐名的拉斯科洞窟壁画，被誉为"史前的卢浮宫"，已被联合国教科文组织列为世界文化遗产之一。

图24-2为法国拉斯科洞窟中的考察队，图24-3为洞穴壁画的近景。为此，人类学家、考古学家、艺术家称赞发现洞穴壁画的孩子，是洞穴壁画考古史上留下印记的小学者。世界太大了，也太复杂了，需要观察与发现的东西太多了，孩子天生就具备一双勤于探索与发现的眼睛。

基本理念篇

图 24-2

图 24-3

案例 3：苹果里藏着星星

　　有一天，一个 5 岁的男孩子和爸爸、妈妈嚷着要画苹果里的星星。爸爸、妈妈此时感觉孩子是不是太会想象了？！星星在夜空中，苹果里面怎么会有星星？当爸爸、妈妈用奇怪的眼神看着孩子的时候，孩子从抽屉里取出一把刀，拿起一个苹果，拦腰切开，自豪地看着爸爸、妈妈说："你们看吧，里面藏着什么？"

　　此刻，爸爸、妈妈看到苹果核显示出清晰的五角星形状，苹果里原来真的藏着星星（见图 24-4）。2004 年国家高中美术新课程改革，设计模块的教材中有这样一课，正是以这个男孩发现苹果中的五角星为主题。这个教材至今还在使用，图 24-5 为湘版高中美术《设计》教材的图片。

　　每个孩子的心智成长都不一样，父母与教师可以去引导他们观察并发现。如果孩子的眼睛经过长期训练去关注生活的话，那他成年之后无论做什么工作，

图 24-4

图 24-5

都有可能捕捉到别人无法捕捉到的精彩瞬间。可见，观察是非常有意义的。

天上总有一颗星星，不停地在眨着眼睛，它是那么平凡，又总是准时出现在夜空中；路边总有一株小草，不怕风雨和人的践踏，怀着独有的纯真和勇气，向着太阳展开它的双臂。这样的观察和发现，似乎不能造福人类的生活，但却给生活添加了几分快乐，这一瞬间可以净化我们的灵魂，扫除我们的呆滞和困顿。

年轻父母与幼儿教师们，请告诉自己与孩子，不要追问蓝天与大地需要我们观察什么，它没有义务替我们回答问题，大地与蓝天有的是——长久地等待，等待着我们和孩子共同去发现！

25、如何引领孩子观察与发现

人的智慧不仅仅是从阅读一本好书、背诵一句名言中习得，人的智慧更多是从对世界、对生活的主观观察中得来的。观察是一种艺术，孩子的眼睛总是在不断地摄取着对这个世界、对生活中事物的最初印象。生活里有太多新鲜的颜色、形态，生活里看似很熟悉的事物，也会因为视角的不同，而产生新的发现。

图 25-1

案例1：栾树的样子

对于生活在北方的孩子来说，图 25-1 中的栾树是一种比较陌生的植物形象。而对于南方的孩子来说，面对其时，又可能处于视而不见的状态。观察栾树的样子（形态与色彩），可以从中发现什么？父母和教师可以引导孩子观察栾树，再将其表现出来。

案例2：顺应阳光而展开与闭合的植物

很多孩子可能不知道，在路边、在山坡上到处生长着这样的植物（图25-2中的叶子形象）。在上午太阳升起之后，其叶子会舒展开来，到了下午四五点钟，太阳要落山时，其叶子会自然地闭合。类似这样植物生长的现象也需要通过观察才可以发现。

观为看，察为思（想），观察就是磨炼一双洞察风云的眼睛。通过观察，领悟大自然丰富的内涵，这是一种十分必要的早期教育。用眼睛以至倾注全身心来观察生活里的事物，会产生连锁的信息反馈，提高孩子的智力。这是一个看似很浅显实则很深奥的道理。

图 25-2

观察是美术中最核心的东西，人在观察过程中，大脑会形成对物体主观的形象感知，自然就形成了某种意象。这种意象跟生活经验、观察当时发生的事与物产生联系。如果在儿童早期成长中注意引导其观察事物，感受事物，每个孩子能快速地在头脑中形成、产生这种意象的话，对他们来说，不仅对美术的空间理解、形象思维的拓展有很大的意义，而且对日后的学习会有非常大的帮助。

26. 什么是美感

关于美感，必须重温蔡元培先生的论述。他认为："有美术，斯生美感。美感不仅手工、图画、诗歌有之，无论何时何地，或何种科学，苟吾人具情感，皆可生美感。"❶ 他说："人的美感常因自然景物而起，如山水、如云月、如花草、如虫鸟的鸣声。"❷ 上述论点告诉我们，孩子的审美与人文修养需要由美感的培育开始。如何界定美感，如何培育孩子的美感呢？

蔡元培先生提出："美感本有两种：一为优雅之美，一为崇高之美。"❸ "美感者，合美丽与尊严而言之，介乎现象世界与实体世界之间，而为津梁。"他还认为，美感是官能与理性的结合，是主观的，"美感者，既非有认识真理之要求，亦非循实践理性之命令，而特为纯粹之赏鉴，且超然于客观概念之外，是主观之必然性也。"❹ 当一个孩子在幼年时期初步建立了优雅之美和崇高之美的追求，能够在生活世界留意各种美的细节，那么，他日后的成长必然有可持续发展的积淀。

案例1：油菜花

油菜花（见图26-1）很普通，它给人的美感是春天的到来，是送走冬季后的温暖，孩子对此也有一定的感受。如何引导孩子把自己对于油菜花的感受转化为笔下的画面呢（见图26-2）？这又是一种怎样的感觉呢？看到一个5岁的孩子将漂亮的油菜花画成这样（见图26-3），可能不少年轻父母和幼儿教师会非常恼

❶ 蔡元培．高平叔，编．蔡元培全集·第2卷[M]．北京：中华书局，1984：484．

❷ 蔡元培．高平叔，编．蔡元培全集·第2卷[M]．北京：中华书局，1984：28．

❸ 蔡元培．高平叔，编．蔡元培全集·第2卷[M]．北京：中华书局，1984：498．

❹ 蔡元培．高平叔，编．蔡元培全集·第2卷[M]．北京：中华书局，1984：13，503．

火:"怎么画成这样?"每个孩子在感受生活事物的时候,可以产生一定的美的感受,但将视觉感受的东西转换为画面时,往往会有这样、那样形态上的落差与不同。年轻父母、幼儿教师不能以生活物象来对应孩子笔下的表达,以此就说孩子没有绘画天赋或没有对美的感受。

图 26-1

图 26-2

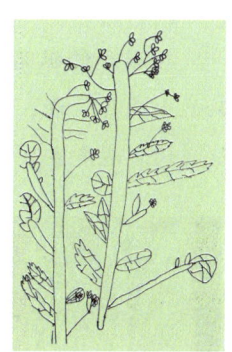
图 26-3

"美感"这一概念在美学中有许多不同的表述,如"审美经验""审美感受""审美意识""审美情感""审美愉悦"等。❶ 对于孩子来说,"美感"就是其在审美活动的过程中,所激起的某些具体的身心感受和体验,是一种包括审美感知、审美想象、审美情感等多种心理功能在内的综合性心理过程,是孩子在审美活动中感受到审美对象的特征时,符合个人主体的审美需要所产生出的生理、心理、精神上的满足感和愉悦感。❷

从古至今,人感受美的能力是在长期的改造自然,以及自身的劳动和实践中形成的。美感不是认识,而是一种体验。从实践体验(美术创造活动中的情感享受)和静观欣赏(对艺术美、自然美的欣赏)两个基本途径中获得。审美是一种生存方式,而且是独立的、超越现实的自由的生存方式。孩子从幼年期就在这种自由的生存方式中陶冶心境,其内心可以获得自由和全面的发展。

❶ 叶朗. 美学原理[M]. 北京:北京大学出版社,2009:84.
❷ 楼必生,屠美如. 学前儿童综合艺术教育研究[M]. 北京:北京师范大学出版社,1997:4.

案例 2：何为难看

在幼儿园三四岁的孩子中，教师给大家欣赏马蒂斯的作品《有石榴的静物》（见图26-4），第一次看到这一作品的孩子会咧着嘴巴大声嚷嚷："真难看！"也有的孩子伸着舌头说："哎，难看死了。"艺术家的作品真是这样的吗？

当孩子的眼睛经过教师持续的、积累的视觉引导之后，孩子的美感经验就会改善。看，4岁孩子在感受了马蒂斯的作品后，创作了一幅《窗外》，这样的表达是多么的精彩（见图26-5）！

图 26-4

图 26-5

在学前儿童中，实施以感受视觉图像为前提的美术教育活动，主要基于提升孩子两方面的能力：

第一，教师要引导学前儿童对具体的视觉艺术作品，进行感受与自主表达，解读学前儿童在审美活动中图像与记忆的融合程度，初步达成其对美术——视觉造物转换本质意义的理解。

第二，教师要解读学前儿童个人对各类视觉图像、美术作品主题的赏析回应与表现转换，思考孩子个体审美经验与生活经验的关联，以及文化认同

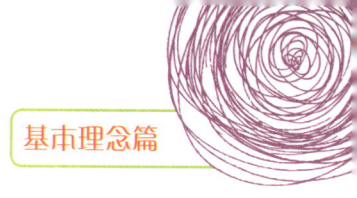

与美感经验改善的有效性分析。

孩子在感受视觉图像（经典美术作品）的过程中，如何达到改善美感经验的目标？孩子在幼儿期的美术活动里，可以从哪些方面改善其美感经验？年轻父母如何发现孩子在审美感受方面有所提升？这都将通过系统的美术活动实践，进行了解、分析、调整和验证。

27、罗恩菲德如何论述儿童美术能力的发展

在中外美术教育史上，关于儿童美术能力以及发展的论述基本分为两个学派：

第一种论点归纳为"通过美术的教育"，代表人物为美国美术教育家罗恩菲德、英国美术教育家里德。

第二种论点归纳为"为了美术的教育"，代表人物为美国斯坦福大学著名教育学者艾斯纳。

罗恩菲德认为，在以知识传授为重的学校教育中，往往忽视了人的情感、感受力的发展。因而，儿童早期的艺术教育就显得特别重要。他说："艺术教育，如果在儿童早期施行的话，便很可能造就出富有适应力和创造力的人。否则，便可能培养出虽有丰富的学识，但却不晓得如何去应用，以致成为缺乏内涵，而且难以与环境融洽相处的人。由于感性、思考和感觉，在任何创造过程中均同等必要，因而艺术就是平衡儿童的智慧与情感所不可或缺的工具。"[1] 由此，我们可以认识到，儿童可以通过艺术活动，表达那些无法用语言表达的心绪、情感。可见，"艺术教育对我们教育系统和社会的主要贡献，在于强调个人和自我创造的潜能，尤

[1] 罗恩菲德. 创造与心智的成长 [M]. 王德育, 译. 长沙: 湖南美术出版社, 1993: 2.

其在于艺术能和谐地统整成长过程中的一切，造就出身心健全的人。"❶

罗恩菲德的艺术教育思想特别注重儿童的个人成长。他认为，艺术的主要功能是让孩子用艺术的方式表达自我，调节自我。每个儿童都具有艺术创造的潜能，特别是在美术活动中，"假如儿童未经外界的干扰而成长，则他们的创造活动就无须任何特殊的刺激，每一个儿童都会无拘无束地运用创造欲望，而对他表现的方式充满了自信。"❷所以，我们应该正确看待并促进孩子潜在艺术能力的释放，不应该用不适于孩子心理认知与生理发展水平的任何方式去压制他们的心灵，阻碍孩子的自我表现。

罗恩菲德认为儿童美术活动有这样几项指导原则：

第一，在适当的时候为孩子介绍和提供适当的材料，供他们在艺术活动中体验。

第二，孩子感受、体验每一种材料或工具时的技巧，都有各自独特的功效。

第三，孩子在美术活动中必须发展个别的技巧。但是，假如成人去"帮忙"，给孩子表演所谓"正确""科学"的"技巧"的话，得到的只会是限制儿童个人的表现。

第四，每一种材料、工具在艺术表现过程以及操作过程中，仅仅是达到某教学目的的方法。美术表现技巧不能离开其内涵去单独施教，运用恰当的美术表现技巧，可以帮助孩子在美术活动中产生自我体验的欲望和表现的冲动。

第五，在同一个教室（活动场域）中，同时使用不同的材料（工具），以适合孩子的需要，帮助他们面对各种操作程序，达成在体验中认识各种表现技巧的可能。

由此可以看出，罗恩菲德特别关注美术活动中孩子的需要与自我体验，而且，将上述原则视为优质学前儿童美术教学的基础。

罗恩菲德认为儿童绘画能力发展的过程由涂鸦期（2—4岁）、前图式期（4—

❶ 罗恩菲德. 创造与心智的成长[M]. 王德育, 译. 长沙：湖南美术出版社, 1993：10.
❷ 罗恩菲德. 创造与心智的成长[M]. 王德育, 译. 长沙：湖南美术出版社, 1993：12.

7岁)、图式期(7—9岁)、写实萌芽期(9—11岁)、拟写时期(11—13岁)、青春危机期(13—17岁)构成。在培育孩子成长的过程中,我们需要理解与学习这些儿童美术心理、生理发展的论点。

在对儿童美术活动的评价方面,罗恩菲德认为,相对于作品本身而言,更应该重视创作的过程,重视美术作品对于创作者(儿童)自身成长的意义。在具体评价方法上,他主张将儿童感情的成长、智慧的成长、生理的成长、知觉的成长、社会性的成长、美感的成长、创造性的成长七个方面作为主观评判标准;将发展的阶段、技巧和技术、作品的组织三方面作为客观评判标准,将这两方面结合起来评价儿童美术活动才有意义。

罗恩菲德的美术教育思想真正体现了"通过美术的教育",他的美术教育思想对儿童美术教育教学实践起到了很大的促进作用,有许多基层美术教师、学前教育机构的教师以及社会儿童美术教学机构的教师均在实践其教育思想。

28. 里德如何论述儿童美术能力的发展

在很多世纪以前,柏拉图提出"艺术应为教育任何自然而崇高的形式",并对这个主题有系统的论述。在60多年前,英国著名美术教育家赫伯·里德再次提出这个主题:艺术应成为教育的基础。❶

(1) 美术教育如何实现本来的他与成为非本来的他

里德的代表著作《通过艺术的教育》,提出对艺术教育的再认识。多少年来,学前教育的目的、艺术教育的目的,一直是社会在反复追寻、思考的问题。

❶ 里德. 通过艺术的教育[M]. 吕廷和, 译. 长沙: 湖南美术出版社, 1993:4.

而人们却没有真正理解这样的一个结果：每个人通过教育，特别是通过艺术教育，"一是人应该接受教育以实现本来的他，二是人应该接受教育以成为非本来的他。"❶ 本来的他，指的是每个人与生俱来的潜能，需要通过艺术教育使这些潜能得以释放，而不是凝固；非本来的他，指的是每个人与生俱来的潜能和特质，必须符合成为社会一员所需要的理想品格，即个人的品质要与社会需要的公民品格相适应、相融合。恰当的、优质的学前美术教育能释放孩子的潜在能力，促使其心理、生理的发展。

艺术教育是一个创造力与潜能释放的过程。但是，最难以把握的是，每个孩子的内心特质如何通过艺术教育得以成长，因为，每个孩子接受的文化影响、地域经济、早期家庭教育熏陶等均不同，为其带来的各种文化与知识的概念，严重地影响着孩子日后的学习与发展。所以，艺术教育可以推广并借鉴已有的美术教育成果，在吸收前人的经验时，既要验证这些经验与理论，又必须进行本土化（个性化）的改造性实践。

（2）只有艺术是触及人的灵魂的

如同里德先生60多年前所说的那样，真正的艺术教育"不仅仅是一种美术教育，"而是"构成了一种通达现实世界的完整方法，可称之为美育——人类个体的意识以至终为智慧与判断所依据的那些感官的教育。"这就是说，"只有这些感官能够与外界有了和谐与习惯的关系，一个统整的人格才能够建立。"❷

我们需要明白，艺术教育并不仅仅指美术的绘画技能或音乐的歌唱技巧，真正意义上的儿童美术教育，是一个孩子通过艺术的教育，使自己的多种感官在文化的刺激与作用下，触动心灵而发生的思维变化，在这一基础上又促使自己的意识与智慧产生一定价值取向的思维判断，并依据这些判断做出对世界上各种问题、事物的决策。

孩子作为成长中的人，通过艺术教育获得所应具备的能力，除了美术学科技能表现的方法之外，最为重要的是，

❶ 里德. 通过艺术的教育［M］.吕廷和, 译. 长沙：湖南美术出版社，1993：8.

❷ 里德. 通过艺术的教育［M］.吕廷和, 译. 长沙：湖南美术出版社，1993：13.

使其整体感官（视觉、听觉、味觉、嗅觉、触觉等）在美术文化（绘画、雕塑、建筑、工艺、影视、现代图像传媒等）的润泽下发生变化。孩子在不断感悟美术作品的过程中，促使其对生活、社会有更加深刻的理解与认识，能够对艺术的本质有比较客观的看法。

只有艺术是触及人的灵魂的。"艺术深切地涉及知觉、思想与有形动作的实际过程。它不是一种指导原则，可应用于生活。"这就是说，"艺术是像空气或土壤一样的东西，在我们周围各处，但我们却很少静下来加以思考。"❶

（3）艺术本来就存在于生活中

艺术本来就存在于孩子的生活中，在孩子的知觉中得以呈现。因为，孩子的知觉本身就具有美的因素。可是，长期以来，我们的美术教育是在脱离了艺术对人的感知觉影响的前提下，进行着精湛的美术技术训练，进行着背离艺术本质的模仿。例如，有不少教师在面对孩子传授美术的时候，并没有以艺术的思维方式去引导孩子，也没有从感知觉发展角度来启迪孩子思考问题，而是仅仅局限于单一、浅层技术层面的东西。

依据美国教育家杜威的观点，"艺术是一种赋予人的生命以活力的体验，一个人通过艺术的观察、思考、创造所产生的对生命的感受，能够使人的精神境界上升到一定的情感高度。"❷学前儿童美术教育中，当孩子的生活经验被美术文化唤起时，其生命力会得到提高。也就是说，儿童美术活动要想为孩子提供艺术体验的事与物，要想促进孩子心灵得到深刻的感受，这个情境过程与最终结果，是在体验中完成的。

因此，真正的儿童美术教育（教学活动），是触及孩子灵魂的感知，唤起思维方式发生变化的过程，是在孩子自身各种感官统整的基础上，做出对问题的思考与判断，而不是停留在某一技术层面上的模拟。

❶ 里德. 通过艺术的教育［M］. 吕廷和, 译. 长沙：湖南美术出版社, 1993：21.
❷ 杜威. 艺术即经验［M］. 高建平, 译. 北京：商务印书馆, 2005：15-28.

给幼儿教师和家长的81条美术教育建议

29. 艾斯纳如何论述儿童美术能力的发展

从事学前儿童美术教育，还需要了解美国教育家艾斯纳的美术教育思想，他主张在儿童美术教育中，以严谨的美术课程来实现美术自身的价值。他认为，儿童的美术能力发展是学习和教育的结果。他的教育思想可称为"为了美术的教育"，被称为"本质论"的代表。

（1）美术教育的最高价值

艾斯纳认为，"美术教育的最高价值在于它为每个人经历并且认识世界所作的独特贡献。视觉艺术涉及了人类意识中其他任何学科都无从涉及的一个方面，即对视觉形象的美学思考。"❶他提出美术对于人的发展具有三大功能：美术为人类提供视觉感；美术是调动我们感性的手段，提供训练人类潜能的题材；美术能使其他事物变得生动。❷他认为，"美术提供给人类实践和知识的东西"，美术的这些功能使美术教育具有其他学科教育无法取代的作用，也就是说"美术教育对教育事业有独特的贡献"。❸

（2）儿童美术学习的三个方面"创造、批评、文化"

艾斯纳对儿童的美术学习提出以下主张：美术学习不是一种单纯的学习形式，它涉及培养儿童自主创造美术形式的能力，即"创造"；培养儿童美学感受的能力，即"批评"；培养儿童将美术理解为一种文化现象的能力，即"文化"。因此，美术学习是上述三方面综合学习的产物，教师

> ❶ 艾斯纳. 儿童知觉与视觉的发展[M]. 孙宏，等，译. 长沙：湖南美术出版社，1994：11.
> ❷ 艾斯纳. 儿童知觉与视觉的发展[M]. 孙宏，等，译. 长沙：湖南美术出版社，1994：11-13.
> ❸ 艾斯纳. 儿童知觉与视觉的发展[M]. 孙宏，等，译. 长沙：湖南美术出版社，1994：55.

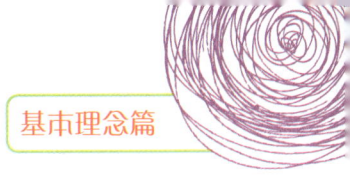

基本理念篇

要"研究人们如何学会创造具有美感和表现力的视觉形式;研究如何欣赏艺术和自然灾害的视觉形式;研究对美术的理解是如何开始的"。❶他认为,这种美术学习"不是随儿童成长成熟过程的自然结果,美术学习可以通过教育指导得到促进"。❷这一论点与罗恩菲德、里德的"工具论"观点恰恰对立。

如何理解艾斯纳的这一论点呢?艾斯纳认为,在儿童美术教育中,严格的课程设计是美术活动取得良好效果的前提,他提倡将美术史、美术批评、美术创作整合为一体进行课程设计。

(3) 感知与表达:儿童在美术活动中的行为方式

教师对儿童美术教学过程的指导,应该是儿童在美术活动中的行为方式,以及在美术活动(课程)完成后所展示出的能力。他提出儿童在美术活动中的"表现不仅仅是感性的发泄,而是感情、意象与观点转化成某种材料的表达",孩子在美术活动中一旦实现了转化,"这一材料就成为表达的媒介"。❸这使得儿童在认识美术过程中,实现了"视觉造物转换"的本质意义。

通俗地理解艾斯纳的这一论述,可以用"感知与表达"这一美术学习过程来认识。他提出的指导性目标旨在发展儿童表达过程所必需的某些技能。孩子一旦拥有了这些技能,便可以将其用于不同材料、工具的表现性活动中。也就是说,指导性目标帮助孩子获得较系统的技能,使表现成为可能;表现性目标鼓励孩子运用这些技能进行拓展,以及探究其表现中释放的观点、意象和感情。❹

在具体的儿童美术课程教学中,艾斯纳倡导发展师生之间信任与开放的关系。他非常注重教师无言的身教,以促进孩子产生丰富的美术学习经验。他认为,美术教育活动既要重视儿童美术学习的过程,又要重视儿童美术学习的结果。

---

❶ 艾斯纳. 儿童知觉与视觉的发展[M]. 孙宏,等,译. 长沙:湖南美术出版社,1994:57.

❷ 艾斯纳. 儿童知觉与视觉的发展[M]. 孙宏,等,译. 长沙:湖南美术出版社,1994:58.

❸ 艾斯纳. 儿童知觉与视觉的发展[M]. 孙宏,等,译. 长沙:湖南美术出版社,1994:150.

❹ 艾斯纳. 儿童知觉与视觉的发展[M]. 孙宏,等,译. 长沙:湖南美术出版社,1994:151.

给幼儿教师和家长的81条美术教育建议

在具体的评价方法上,艾斯纳提出,儿童美术学习过程的自我报告,以及教师直接敏锐的观察都是可行的获取评价数据的方法,另外,集体评判也是一种有益的教学手段,以此可以灵活地开展诊断式教学。

作为西方继罗恩菲德之后最著名的艺术教育家,艾斯纳所主张的"以学科为基础的美术教育"思想影响了世界各地的美术教育。我国的义务教育美术课程改革也受益于其美术教育思想。所以,在儿童美术教育中,对于孩子美术能力的发展与培养,需要了解、研读艾斯纳的美术教育著作,由此,提高对儿童美术能力发展的认识和指导水平。

30、丰子恺先生告诉了我们什么

在近现代中国,最伟大的美术教育家丰子恺先生(见图30-1)中肯地告诉我们:"艺术教育就是教人这种做人的态度的,就是教人用像作画、看画的态度来对世界;换言之,就是教人绝缘的方法,就是教人学做孩子。学做孩子,就是培养孩子的这点'童心',使长大以后永不泯灭。"

先生明晰地论述了艺术教育对于孩子成长所起的作用。先生这样说:"'直接'用'艺术'来启发人的'艺术的'心眼。教育是教人以真善美的理想,使窥见崇高广大人世的。"艺术

图 30-1

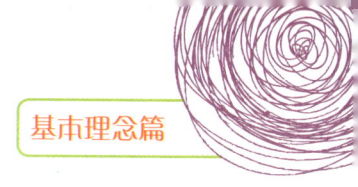

基本理念篇

的心眼就是引导孩子用意象性的目光,审视生活与世界,启发孩子的思维发展。但是,先生的话今天还有人在听吗?

孩子的心灵世界是与艺术的本质相一致的。但是,成人所追求的现实生活却充满了急功近利、尔虞我诈、金钱铜臭、虚假伪善……为此,丰子恺先生说:"大人们的一切事业与活动,大都是卑鄙的;其能庶几仿佛于儿童这个尊贵的'赤子之心'的,只有宗教与艺术。"因此,唯有"真爱艺术、真爱孩子、真爱生命"的儿童美术教学,才是可以关照孩子心房的美术教育。

孩子是什么?儿童美术教育是什么?1924年6月21日,丰子恺先生在上虞春晖中学小杨柳屋(那时正经历着梅雨天)思考后郑重地告诉我们:"教养孩子的方法很简便。教养孩子,只要教他永远做孩子,即永远不失却其孩子之心。"❶ 这样的教育便是真正意义上的儿童美术教育。但是,这些真理,这些论述,在今天可能被大多数的人淡忘。儿童美术教育对孩子心灵塑造的使命,几乎要被功利的滚滚潮水吞没。不是吗?

在美术活动中,教师能否启发孩子从小认识和理解"一个生命对另一个生命的尊重"这样的道理?能否在美术活动里尽可能地去尝试将美术主题(蕴含的美术文化)与孩子的内心发生关系,探讨有关回到孩子自我的生命理解?

真正意义的儿童美术教育,以唤起孩子生命本真的觉醒为终极目标,以大爱、纯美、澄清、自由、游戏等方式亲近孩子,让艺术灵动的清泉,永驻孩子心底的人性本源之中,激活、捕捉孩子的潜能,让智慧在童年的生活里尽情绽放。

丰子恺先生说:"所谓'艺术'的真相,决不是俗眼所能梦见的。因为俗人的眼沉淀在这尘世的里巷市井之间,而艺术则高超于尘世之表。故必须能提神于太虚而俯瞰万物的人,方能看见'艺术'的真面目。"在美术课堂上,新的审美经验刺激着儿童的感官,为其心灵提供了洞察生活本质和理解新的人生的机会。审美经验对于儿童来说,既是感情的,又是认识的,也就是说,审美经验是人类灵魂的滋补剂。课堂上,当孩子面对"小花、小草"这一生活里

❶ 丰子恺. 丰子恺文集(艺术卷)[M]. 杭州:浙江文艺出版社,1990:78.

习以为常的视觉形象时，在审美体验过程中，他们会感觉自己更高大，眼界更开阔。

图 30-2　丰子恺先生的漫画作品

针对普通公民和不明白美术教育是什么的教师来说，先生下面的这段论述更具有提示意义："艺术不是技巧的事业，而是心灵的事业；不是世间事业的一部分，而是超然于世界之表的一种最高等人类的活动。"先生又教导我们："'画'是一事，'教画'又是一事。即'画家'与'图画教师'是不同的两种人。"每个年轻父母和幼儿教师需要做如下思考，当自己"唯有能有孩子似的直感与孩子似的感情来体验，而能忘却自己为一个已经成熟的大人的人，能像孩子般游戏的人，方才能做教育的艺术家……"

丰子恺先生这样告诫我们："面包是肉体的食粮，美术是精神的食粮。没有了面包，人的肉体要死。没有了美术，人的精神也要死——人就同禽兽一样……人因为有眼睛，故必须有美术。"先生近百年前的召唤，我们领悟了吗？

基本理念篇

31、如何理解儿童画中的自发创造

如何理解孩子的画,这是一个特别重要的问题。只有读懂孩子,才能对孩子的美术能力发展进行恰当的引导,先看一则案例。

案例:妈妈如何保护孩子的个性与自发创造

有一个6岁多的孩子,小时候跟随妈妈出国旅游,当他第一次乘飞机出国、第一次看到飞机的样子时,他被眼前这个庞然大物所震撼,当下的感受是从未有过的。从那一刻开始,他迷恋着飞机。于是,他拿起了画笔,画出了飞机的样子。一年、两年、三年,他在不停地画着自己心中的飞机……

图31-1是孩子画的是巴黎飞往爱尔兰的小飞机的样子。孩子笔下的表现是如此的真挚。有过飞行经历的孩子,凭借体验后的记忆,画出正在下降的小飞机。

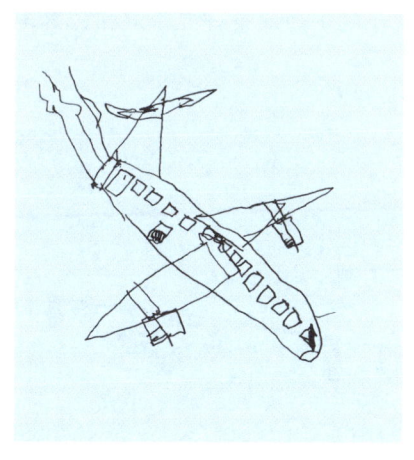

图 31-1

图 31-2

在 31-2 这幅作品中，孩子画出了他所认识与感受到的飞机，而且，呈现了飞机空战以及对地面攻击所做的持续反应的状态。

在 31-3 这幅作品中，飞机的形态发生了比较大的变化，造型与表现形式都更加丰富，而且，他注意到了画面的构图、物象（飞机）之间的遮挡关系。

图 31-3

图 31-4 和图 31-5 这两幅作品用了不同的造型方式，前一幅仅仅用线条来表现飞机的形态，而后一幅则运用了空间表达的方式，画出了整个飞机的形态。这不仅说明孩子在知觉心理认识上的发展，而且，在表现形式上也出现了自己特有的语言。可以看到，这个孩子笔下的线条一直很流畅，落笔肯定，对飞机形态的把握很自信。

图 31-4

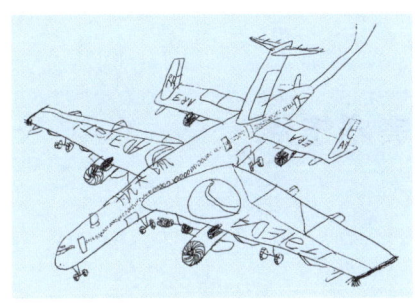
图 31-5

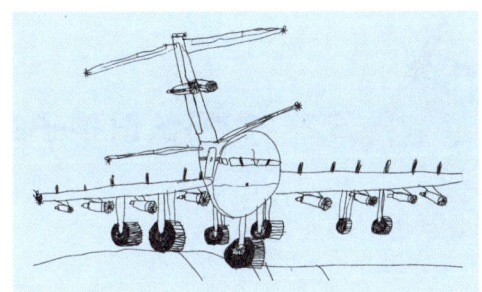
图 31-6

图 31-6 中的飞机运用了双勾线的方式，表明孩子的空间知觉心理发生了变化，表现物象形态也在逐步走向成熟。

每个孩子都有一双明亮的眼睛，当他在生活中被某个事件激发之后，发生了特殊的感悟，他必然会用画笔来表达自己内心的感受，这样的过程是家长以及幼儿教师需要及时发现和保护的。这个孩子在迷恋画飞机之后的若干年里，他的思绪总是在不断地被激发和唤起，随着年龄的增长，我们看到他笔下的飞机样式由单线勾勒走向了空间表达。

最可贵的是，自孩子6岁开始，在随后的几年时间里，这位妈妈并没有阻止孩子画飞机的兴趣，而是尽可能珍藏孩子所有的绘画作品，哪怕在搬家的时候，孩子的画也都得到很好的保存。试想，若干年后，当孩子成家立业时，看到母亲珍藏的自己童年的画作时，将会有何种感受。这体现出的不仅仅是爱，更多的是尊重孩子、保护孩子的个性发展。

如何看明白孩子的画，首先需要学习尊重孩子的意愿，在孩子用美术的方式认识生活，表达心境、愿望和想法的时候，给予孩子一个自由生长的空间。这样，才能在充分保护孩子心理、生理发展的过程中，释放其个性特点，实施真正意义的儿童美术教育。

32. 如何认识孩子的美术生活

孩子最佳的绘画状态是感悟生活后的自发释放。在美术活动里，我们要特别关注孩子在美术表现中的心理变化。彼时的心理是孩子用画笔表达自己心境的一种方式。因此，年轻父母、幼儿教师在看到孩子绘画作品的时候，首先要理解孩子在这样的状态中表达了什么。

案例：吴墨卡小朋友的美术生活

吴墨卡小朋友自小特别喜欢用画笔表达自己对生活的感悟。从低幼期的螺旋涂鸦，逐步过渡到幼儿期的自由画阶段，再到小学低段主动感悟生活的自主表达。他的作品都来自个人感受生活后的表现，是具有说服力的儿童成长与发展案例。

图 32-1

图 32-1，作于 6 岁，作品中表现的是他看到父亲打篮球场面后的生动描写。画面中将父亲高大的形象（肢体动态）置于整个画面的显著位置，而且特别符合美术学科中所谓的"黄金分割"位置，这些美术学科要素孩子肯定不知道，但他的直觉表达让人感到欣慰。画面

图 32-2

的背景是众多观看篮球比赛的观众，将画面中的气氛烘托了出来。

图32-2，作于5.5岁，这幅作品的主要内容为火车（动车造型的车头）。整个画面线条流畅，线与形的构成富于节奏感。吴墨卡小朋友的线条表现自如，而且很有张力，没有一丝做作和局促，这说明在他的成长中，家长对他的绘画生活给予了宽松、支持的平台，孩子可以在这里自由驰骋。

图32-3，这是小墨卡刚刚进入小学一年级后的绘画作品，以恐龙为主题。这样的表现是在默写状态里完成的。作品中的线条造型能力进一步发展，对孩子自由性表现的保护，使画纸上的线条特别生动。进入小学后，他开始自己为画面着色，画面色调协调，作品中太阳的形态虽然来自幼儿教师所给的图形，但颜色搭配得很好，在整幅作品里十分协调。

图32-4，这是吴墨卡小朋友的写生作品。画面主体造型来自观察后的表现，物体外形的造型用笔肯定、大胆，没有修改的痕迹，说明在他的美术能力发展中没有受到成人的抑制，发展是很顺畅的。画面背景里的那棵树是幼儿园、小学课堂里教师给予的图形，但孩子在接受的时候，并没有拘泥于教师的示范。

图32-3

图32-4

当一个孩子能够以美术的方式表现自己的生活状态时，特别需要年轻父母和幼儿教师给予其最大的鼓励与支持。这样，不仅对孩子美术能力的发展大有好处，还可以由关注孩子在美术表现中的心理状态，逐渐延伸到对孩子的全面发展做出较客观的判断。例如，吴墨卡小朋友特别喜欢用美术的方式记录生活、表现生活，于是该小学班主任就与其家长商量，为小墨卡举办了一次个人画展，以此促进整个学校的教师和家长都来关心孩子的成长细节，从而达到对孩子整体身心发展的关注。个人画展的举行，不仅提升了小墨卡的自信心，而且，也为学校其他孩子的成长树立了榜样。

33、年轻父母是否留意日常生活中孩子的表现

每个孩子天生可以自如地在任何能够留下痕迹的地方，表现个人内心的想法，用线条造型是孩子特有的方法，也是孩子把握水准最高的表现形式。例如，在偏远的山区，可以看到非常简陋的厕所墙壁上都留下了孩子的画。在城市里，可以画的地方就更多了，因此，家长以及幼儿教师要善于发现这样的表现过程，留意孩子在日常生活中的自主表现。

案例1：父亲学校黑板上的画

图33-1是一位6岁孩子的作品，画于其父亲学校（某高中）教师办公室的黑板上，这是孩子随手用粉笔留下的痕迹。一般人看到这样的画面，往往会感到非常不解，主要原因是，这是一位已经快上小学的孩子了，怎么还画出这样"幼稚"的画呢？大多数成人对于孩子这类自由涂画是不屑一顾的。因为，成人觉得这些画没有任何价值。

殊不知，成人这样的举动往往抑制了孩子以美术的方式去自主表

图33-1

达。这幅画的内容构成是一幢房子与人的关系。看看画面的局部，你会吃惊地发现，孩子竟然表现了这么多生活细节——

图33-2是作品的局部图之一。在这幢房子的一角，孩子画出的竟然是上厕所的男人与女人。已经6岁的孩子，会写出"男""女"两个字，在标识了性别后，里面（空间）的人自然有了性别的归属。这就是孩子对于自己生活的认识和理解，看似没有什么意思，实际上却是一种真切的生活体验。

图33-2

图33-3是作品的局部图之二。这个局部表现了一个大人领着一个小孩从房子里走出来的场景。画面中的"圈圈"应该是石板路，从人物的形态上可以看到他明显地画出了成人与孩子，这个阶段的孩子已经不再画"蝌蚪人"了，画中人物形态采用双勾线的方式表现。

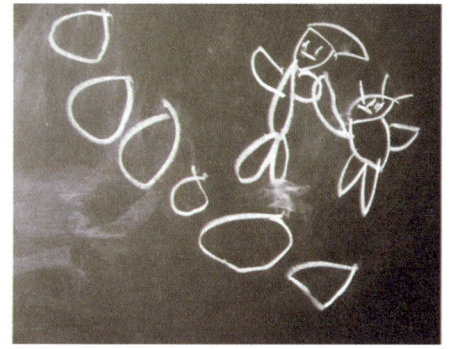

图33-3

图33-4是作品的局部图之三。这个局部展现了一个人由房子走出，向另外一幢房子走去，可以看出，孩子把另外一幢房子的整个形态画"小"，似乎是在表明这幢房子有点距离感。

这幅随意画在父亲办公室黑板上的画，是孩子真诚的内心表达。我们应该尊重孩子心理、生理的发展，关注日常生活中这样的美术活

图33-4

给幼儿教师和家长的81条美术教育建议

动方式，由此，找到一条适合孩子个性发展的美术教育之路。

案例 2：妈妈画室里的表达

小美美是一个3岁的娃娃，她的妈妈是大学教师，同时也是一位画家。为了保护孩子早期的涂鸦生活，美美的妈妈常常特别耐心地为她提供自由作画的机会。每当美美在涂画的时候（见图33-5、图33-6），妈妈总在旁边耐心地观看，有时问几句，有时和孩子对话，并用自己的手机记录下小美美作画的过程。由此，小美美在妈妈的画室里留下了很多水墨作品。

图 33-5

图 33-6

3岁宝宝美美的水墨表现，在不明白的成人看来，是儿童涂鸦的连续荒诞剧，实际上，美美小朋友的水墨表达是一种发自心底的精神世界涌动，是她对生活感悟的自主表达，其水墨过程是"美美游戏墨挥洒，万物都将落笔端。莫说画面无章法，童心堪比天造化"。

美美小朋友4岁的时候开始学写自己名字中的"美"字（见图33-7）。孩子写字如同画画（画字），直接的感觉就是画。这是她用毛笔直接写在宣

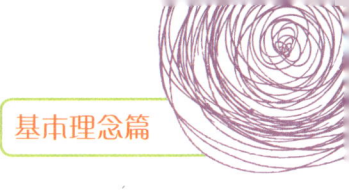

基本理念篇

纸上的，质朴中有一种浑厚与大气，这样的表现效果是很多国画艺术家、书法家都在追求的感觉，但又是可遇不可求的事情。例如，美美小朋友创作的这个"美"字，如果作为美术馆的标志（LOGO）（见图33-8、图33-9），一定会有震撼的视觉效果❶。因此，年轻父母和幼儿教师一定要密切关注孩子日常生活里的涂画（表达）。

图33-7

图33-8

图33-9

所以说，成人需要俯下身来读懂孩子的画，真正尊重孩子的自由表现，在与孩子共同对话中，发现孩子自由表现过程的闪光点，保护孩子积极的表现心理，引导孩子在感受视觉文化的基础上，实施恰当的美术教育。

34. 成年人应该怎样欣赏孩子

欣赏孩子，首先要爱他们。父母可能会理直气壮地说："我会不爱自己的孩子吗？"但是，如何爱，这又是一个大问题。有多少父母能够用欣赏的眼光爱自己的孩子呢？所谓的欣赏，首先是对孩子的尊重，而不是教导。在对待孩子美术活动的时候，父母最缺乏的就是尊重孩子个人的主动表达与创造。在家庭教育

❶ 图33-8、33-9的LOGO设计者为：俞晶晶、陈亦飞。

中，爱是与一定的行为规则（规范）同步的，规则（规范）是父母教育孩子的底线，但是父母需要清晰地认识到，欣赏他们则是孩子成长的基础。

孩子天生具有好奇心和探究兴趣。当代认知科学领域取得的一项重大成就是，重建了"儿童学习"的概念，研究认为，儿童对世界、对生活及其运行能够发展出自己的理论，这是儿童成长、学习过程的重要构成。美国学者莱斯尼克说："学习者总是试图将新信息与其已知的事情联系起来，根据已经建立的结构解释新事物。"

所以，我们时常可以看到，儿童成为"理论的创造者"：他们经常在生活和美术学习中提出自己"天真的理论"，就好像是在说大人话。实际上，孩子在美术活动过程说出的这些"理论"（话语），恰恰是其日后获得发展、成为成熟的探究者的基础和生长点。因此，孩子在美术活动过程中创造新知，不仅是必要的，而且是可能的。

下面是一次有关艺术早教的书信对话。

> 李老师，您好！
>
> 　　我不是美术老师，但机缘巧合，我在5月份听了您的讲座，太震撼了！我水平不高，当时听得非常吃力，很多都消化不了，但是仅仅理解了一点，我的思想就发生了翻天覆地的变化。
>
> 　　我没办法教很多学生，但是我有一个儿子，他是幸福的，因为他的母亲听到了您的讲座，为此，我收起了为他准备的许多简笔画图例，将来也不会随随便便地把他送进一些美术培训班。
>
> 　　我是一个极普通的母亲，儿子现在21个月了，对儿子没有太高的期望，只希望他有个快乐的人生。我的想法是能感受美的人，才会拥有快乐的人生。因此，我想引导儿子学习美术和音乐，我不想强迫他学习，可是刚开始总是要引导吧。
>
> 　　我儿子现在特别爱看书，以前老撕书，现在不撕了，看起书来像模像样的。以前老撕，我就拿些超市的海报给他，现在拿一些杂志给他翻，都是我以前看过的时尚杂志什么的。

想起您讲座中提到的,"要培养会看的眼睛",您还说道"多让儿童看名画"……我就在想,给他翻那些时装杂志,是否会对他造成伤害?

另外,我给儿子网购了您提到的《艺术和美,是什么?》,估计国庆节后就能寄到。我还想买一些艺术家的作品集给儿子翻,网上太多了,不知道买哪些比较合适?对于21个月幼儿的艺术早教,希望能得到您的指点。盼望能得到您的回复……

以下是笔者的回信。

关于早教,现在需要的不是社会上早教机构的早教,真正的早教,需要给予孩子一种习惯养成的教育,具体包括:

第一,东西从哪里拿来再放到哪里去,做事情按照秩序、步骤进行,这些在学前美术活动中都应该完成,例如,给孩子纸张,让其撕,这是锻炼孩子的小手肌肉与骨骼精细度的过程。家长可以先提供比较容易撕的纸,然后逐渐提供撕不动的纸,撕好后可以引导其拼出造型。这里有一个要点,全部玩完之后,孩子再累、再不耐烦,需要让其学习收拾好乱乱的碎纸,这是养成习惯的开始。

第二,读书的秩序。妈妈领读,孩子不能吵闹,学习安静倾听的习惯,倾听之后,再与母亲进行对话和交流,要学习尊重母亲的劳动,不要插话、抢话,要让妈妈说完,孩子再说。这样的秩序感是相当重要的。

第三,自由表达的秩序。准备纸笔等工具,让孩子自由涂鸦,再让他叙述自己创作的是什么,妈妈用录音笔记录孩子的诉说,作为日后指导孩子的依据。

第四,说话要轻声轻语的秩序。这是目前家庭最缺乏的教育,例如,在集体美术活动中,绝对不能喧哗,不能影响其他小朋友，这就是学习轻声轻语的秩序（特别是在公共场合）。

第五，小手肌肉与骨骼的锻炼，需要专门的美术活动完成。锻炼小手肌肉、骨骼在运动中的精细度，进行相应的美术活动，如执笔（不同的笔用不同力度去执、去把握）、撕纸、拼装物品等；又如，画线条的秩序感（排线、排格子线等）都可以训练小手，但这样的训练要根据格子排列的宽窄度，根据孩子运笔过程的舒缓、快慢，根据颜色的运用程度等进行。

第六，最重要的是改变眼睛污染，拓展孩子的美感经验。若我们步入大英博物馆、奥赛博物馆等，能看到那么多婴儿在地上爬，父母指导大一点的孩子参观，这就是艺术的熏陶，是从小开始的陶冶。我们国家目前可能只有北京、上海、广州这些城市可以做到，家长需要具备这种意识。也可以通过阅读画册进行审美的陶冶，家长要给孩子讲述，引导孩子感受。

以上各项需要自己设计教学、辅导计划，耐心坚持下去才能收到实效。

每一个现代人都应意识到：孩子（儿童）创造了成人，毕加索有一句名言——"我一直在向孩子学习，说明每个孩子面对生活世界，都有其独特的精神哲学"。只有当成人（父母与幼儿教师）学会了欣赏儿童并乐意为之提供帮助的时候，他或她才是真正意义的成人。这样的意义应该由家庭逐步延伸到幼儿园、小学、初中、高中乃至大学的课堂中，教师应该对学生持有欣赏的眼光，让我们将这种"欣赏"和"帮助"从一间间教室，从一个个家庭做起吧。

美术实操篇

想法是孩子生活里一闪而过的现象,把自己的想法和思维过程,通过图像、塑造物反映出来,这个过程叫作视觉造物转换。美术,是一种用视觉造物转换的方式创造世界的过程。孩子在涂画、撕纸、剪纸、黏贴、泥塑造型的活动中,不仅知觉得到充分的发展,而且他们的秩序感和对各种材料、工具使用的实际操作能力也得到了锻炼。本章主要从美术实操方面为家长和幼儿教师提供切实的指导。

给幼儿教师和家长的 81 条美术教育建议

35. 为什么要让孩子欣赏美术作品

父母和幼儿教师要逐步深化理解学前儿童美术活动的意义和目标，使自己的指导真正为提高孩子审美与人文修养服务。学前儿童美术课程教学的整体策略是：

① 倡导视觉观看与自主感悟的审美学习方法。
② 形成引领思维辨析与理解美术文化的过程。
③ 启迪发现自然美的独特眼光与审美态度。
④ 推进博物馆教育润泽下的艺术化生存方式。

上述四个方面特别关注孩子的视觉审美感受与美术文化的理解水平，由此建构起改善其美感经验的美术课程教学体系。儿童美术教育是一种思维方法的引导与养成培育，只有从孩子 3—5 岁开始，就改变其眼睛的观看方式，最终才能提升并养成其审美和人文修养，从而提高整体国民的素质。因此，如何引导孩子从小就"会看"，应该是美术课程教学里主要的有效性目标。

从人的视觉心理学角度看，孩子在观看美术作品的时候，眼睛的状态往往是辨认占据主要思维。辨认是一种基于每个人记忆（生活经验）唤起的活动。很多孩子在美术活动里说："老师，我看不懂，请你给我说说这幅画有什么好？"那么，眼睛在观看画面时到底应该关注什么，这个问题关系到孩子通过美术活动之后，其美术观看的能力水平有没有获得进步、提升。

拿传统的民间木板年画（见图 35-1、图 35-2）来说，老百姓是在过年的时候张贴的，其造型、色彩、寓意都蕴含着中国人的审美观。孩子用自己熟悉的词语，讲述自己看到这幅木板年画时的感受时，就意味着孩子审美行为的开始。

孩子在观看、欣赏中外艺术作品中，尝试着用艺术话语表达自己仔细观看作品过程的感受，不仅了解祖辈（先人）的文化，同时在此对话的过程中也更好地了解自己，理解人类与生命。试想一下，孩子的眼睛看着远古的美术文化，可以逐步认识到，每个生活在这个世界的人都需要适应自然界与自然法则。日常生活与艺术相互交融，人类从最早的记录开始，艺术便与人的生命相伴。当今时代的画家、雕塑家、各种工艺师、摄影师、设计师、建筑师、城市规划者、产品设计者等，都对我们的生活产生了重大影响。

图 35-1　潍坊杨家埠木板年画《门神》

审美感知（知觉体验）性学习活动，是贯穿所有美术学习领域的重要环节，我们要引导孩子由视觉感受进入美术学习状态，在欣赏（感知）体验、评述视觉艺术作品（图像）的基础上，进行美术创作（表现、动手）活动。

学前儿童美术活动的首要任务是传递美术文化，教师应以分析美术作品的视觉元素为先导，激发

图 35-2　漳州木板年画《狮头衔剑》

孩子的眼睛对某主题图像的视知觉体验，提升其感受水平。在学会分析、把握美术语言、构成原理、作品意义等学科要素的基础上，整体理解美术文化。只有从美术欣赏活动入手的学前儿童美术活动课程，才是真正意义上的美育教学，才能在提升孩子审美与人文素养方面奠定坚实的基础。

36. 如何在美术活动中感知与表达

按照教育部《3—6岁儿童学习与发展指南》中对艺术领域学习活动的要求，美术学习活动通常分为三类：绘画、手工、欣赏，在幼儿园中，各类学习活动一般采取独立教学方式。但是，真正有效的学前儿童美术教育活动，需要以儿童的审美经验改善为目标，突出美术欣赏教学活动对于幼儿身心润泽的重要性，要破除硬性划分上述三类美术学习活动的做法。

在幼儿的美术活动教学过程中，需要将欣赏、感知、体验贯穿美术活动的全过程，教师需要提供经典艺术作品给孩子欣赏，在遵循不同阶段孩子身心发展规律的前提下，自然地将绘画、手工、欣赏等活动形式相关联，形成完整的"感知—体验—表达"的美术活动学习。

案例：我们的眼睛

这是一次关于眼睛的欣赏与思考。首先用PPT呈现与文本相关的图片、作品，教师朗读，学生低声跟读。

眼睛，可真是个了不起的人体器官（见图36-1，孩子的眼睛），有了她，我们都能"看"！

看爸爸，看妈妈（他们是自己最亲的人）；

看小亮，看小狗（原来人与动物不一样）；

看云彩，看风雪（奇妙的大自然）；

看小朋友欢笑，看小弟弟

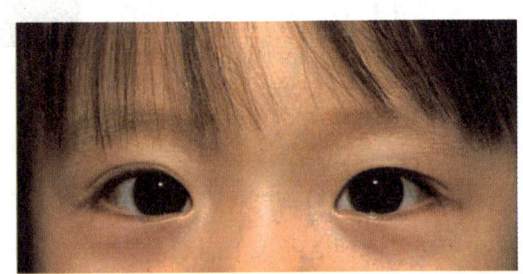

图 36-1

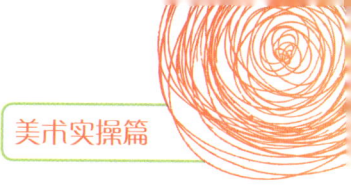

哭闹（人的情绪反应）；

看着小树长高，看着花儿残落（生命的现象）；

看着邻家的小娃娃学走路，看着隔壁的老婆婆又生白发（成长究竟是什么）；

图 36-2

看风景，看街道，看高楼，看广告（生活物象的形与色）；

看电视，看图书，还有看画，看雕塑（蕴含的故事、创意、思想）；

这个世界上有看不完的事物，我们的眼睛真是太有用了！

看，这个古代青铜器面具中的眼睛（见图 36-2，三星堆青铜器），眼球怎么突出这么多，好可怕呀！这是为什么？

小朋友，你有没有想过，如果你随意看去，看过的事物会随时忘记，或者是看了之后只记住了什么，而没有用心去感悟什么，这样的看即使再多，恐怕也是白看。小朋友，好好用你的眼睛，而且，要在眼睛和自己的心之间开辟出一条路来。

上述活动类似于儿歌的朗读，将语言表达与视觉呈现的感悟活动整合为一体。整个学前儿童的美术活动课程，需要按照一定顺序进行系列化，组成单元加以实施，每个单元设置若干个美术活动。例如，一个单元可以安排 3～5 个主题。设计教学活动时，幼儿教师需要将传递的美术学科知识，内隐在不断变化的人文主题活动中，孩子通过对视觉图像的刺激反应，由感知视觉图像的过程，产生对某人文主题的探究兴趣。

学前期孩子的思维大多处于一种自觉、自我的水平，他们喜欢鲜艳的颜色、分明的形状、逼真的形象……阿恩海姆认为："在发育的初级阶段上，心灵的主要特征就是对感性经验的全面依赖。对于幼儿来说，事物就是他们看到的、听到的、接触到的或闻到的样子。"① 所有的美术作品中都包含两个要素：一是

● 阿恩海姆. 艺术与视知觉 [M]. 滕守尧，朱疆源，译. 成都：四川人民出版社，1998：219.

"图像",二是"词语"。图像是依靠眼睛直接辨认的,而词语是需要教师或孩子自己解读的。

试想,如果在3—4岁孩子的美术活动中,将二者进行分离性的处理,就会产生激发孩子视觉思维发展,改善心理机能效应的特殊教育功能。任何美术作品的图像都具有"图说"(叙述)的功能,例如,提供美术作品给孩子欣赏,有相当多的作品无法"图说"或者叙述。这类作品因为无法叙述,或者孩子看后感觉自己说不清楚,作品的视觉图像中似乎没有"形"或者"形"被打破了,他们习以为常的观看方式被特殊设计的美术活动颠覆了,这样可以改变孩子习以为常的观看状态。由此,孩子眼睛的视觉习惯在美术活动里,被一步步引向了多元思维的"看见",而不是固化思维作用下单纯地"看"。

采用系列的美术活动,引导学前儿童进行视觉审美教育,并不是让孩子的眼睛去"确认"作品的图像是什么,而是启发孩子的眼睛根据视觉图像,(形态、色彩、形式以及图形构成)进行感受,去"书写"自己感悟后的"想法",由此,审美素养得以逐步提升。

37. 如何用图像分解的方法引导孩子欣赏美术作品

美术欣赏的引导性活动,需要运用图像分解的教学设计方法,这是基于孩子眼睛的注意力一般集中于自己视野里的某些东西,但永远不可能集中于所有东西这一眼睛观看的原理。使用图像分解的方法,欣赏美术作品,可以改变以往单纯呈现整幅作品的方式,引导孩子在画面上发现细节,分析作品的构成形式,这样的范式如同尹少淳老师所说:"就美术来说还是形和色,要研究它的内容表达和形式的关系。"

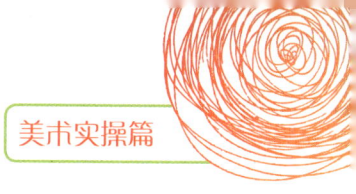

美术实操篇

案例：《做香囊，迎端午》

【教学目标】

①情感态度与价值观：体会端午节中丰富的习俗带来的民族文化归属感，认同节日中丰富的文化内涵以及香包浑厚古朴的情趣美感。

②文化的认知与理解：初步感受端午节龙舟竞渡、吃粽子、饮雄黄酒、插艾蒿、挂菖蒲、佩香包等活动中，包含的辟邪祈福的象征性寓意，以及传统文化的传承，表达人们心灵深处的美好诉求。

③美术学科知识与技能的把握：运用民间五色以及对称、均衡等美术形式语言，尝试制作稚拙童真的祝福香包。

【设计说明与教学方法】

如何用 PPT 的形式，诠释"五毒香包"这一民间美术作品的文化意义和要素，对孩子进行清晰的展示，达到有效的视觉传达？需要做好以下几点。

第一，进行图像解构❶之前，教师应该思考五毒香包的文化意义以及其蕴含的学科要素。

❶ 图像解构，指教师依据教学思路对教学主题相关作品，利用软件进行图形分解，将作品的表现形式等美术语言按步骤分类呈现，然后以此为基础素材，制成PPT课件，构成教学的整体脉络。参见李力加著《唤起知觉经验的美术学习》一书。

第二，探讨民间五毒。从香包的图像表征中找到有哪"五毒"，例如，孩子眼睛观看时，往往会忽略香包本身造型"蟾蜍"也是其中一毒的形态（见图37-1）。

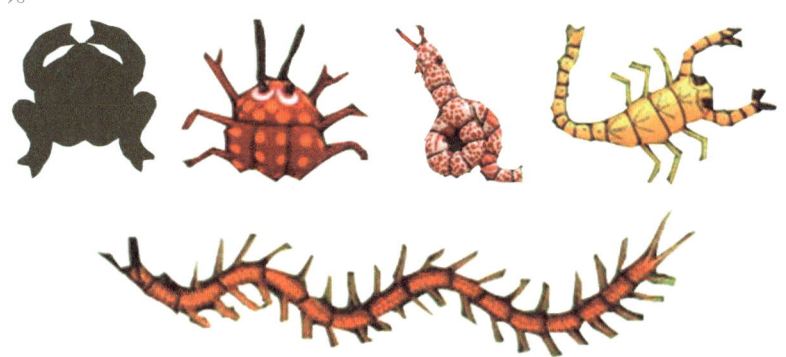

图 37-1

第三，采用图像分解法，针对民间美术作品使用的艳丽颜色分步骤介绍。首先，可以让孩子在原图上找颜色，然后PPT展示不同颜色的提取过程（见图37-2）。

图37-2

这一教学方法强调基于感知与表达的美术活动，运用图像分解的方法设计教学范式，围绕视觉文本（经典美术作品、相关图像素材），将孩子原有的生活经验、视觉图像文本带来的刺激以及课堂中新的视知觉体验融合在一起，从而产生新的视觉经验。

【教学过程】

（1）童谣导入，回忆感知

①童谣导入："粽子香，香厨房，艾叶香，香满堂，桃枝插在大门上，出门一望麦儿黄。"

②回忆表达，印象中的端午节：知道端午节的由来吗？春秋时期，楚国诗人屈原在流放途中得知秦军攻破楚国京都，悲愤之下于五月五日抱石投汨罗江而死，以自己的生命谱写了一曲壮丽的爱国主义乐章。这一天我们都做些什么事情呢？赛龙舟、吃粽子、喝雄黄酒、挂菖蒲、艾草……

（2）知觉唤起，揭示主题

①感知体验（出示实物香包，见图37-3）：闻一闻，摸一摸，猜猜袋子里面装了什么？

②"五月里来五端阳，糯米粽子荷包香"引出主题（五毒香包，迎端午）。

设计意图：教师调动幼儿的感官，城市中的幼儿较少接触传统香包。幼儿有与生俱来的好奇心，新事物的展现能很好地调动其积极性。

（3）关联生活，了解五毒

①教师提供线索，鼓励幼儿大胆猜测并了解五毒。（线索一：动物；线索

美术实操篇

二:有毒;线索三:五月常出没。)

图 37-3　　　　　　　　　　图 37-4

②欣赏香包,找出香包中的五毒图案(见图37-4)。

③思考:为什么端午节要在香包上绣五毒,还要佩戴在身上?人们把五毒绣在香包上,用来提醒自己预防五毒之害,有驱除的意思。

(4)图像解构,深化认知

①提取色彩,了解民间五色。欣赏五毒香包:幼儿自己寻找香包中所用的色彩。提取色彩:民间五色(青、黄、赤、白、黑)。

②观察比较,对比欣赏:分别找出五毒排列的相同点和不同点,指出美术形式语言——对称、均衡(见图37-5、图37-6)。

图 37-5

给幼儿教师和家长的81条美术教育建议

图 37-6

（5）香包拓展，开阔思维

①欣赏多样的五毒香包。

②拓展欣赏：人们还将五毒图案装饰在耳枕、肚兜、云肩等处，达到驱邪、祈福的目的。

（动手创作环节略。）

（教学设计：姜哲娴，指导与分析：李力加）

孩子欣赏中国民间美术作品，包括民间剪纸和刺绣，是在弘扬祖国优秀的美术文化，从小在孩子的视知觉感悟中积淀中国民间美术的审美元素。教师需要考虑，如何选择美术作品，如何导入，如何启发孩子在视觉感受的基础上发散思维、表达语言与美术创作表现。

课堂学习活动要由单一"讲授—听讲—接受"，转变为"探索发现—对话讨论—自主表现—相互交流"的多向互动。从教育技术层面讲，图解图构美术作品的方法，为当下及未来的学校美术课程教学，提供了可推广的教学设计模式。同时，图解图构的分析方法不仅可以运用在美术欣赏教学环节，而且可以运用于分析美术技法表现性环节。例如，使用此方法可以分解作品画面呈现出的不同的美术工具、材料媒介、具体表现技法，使学生更容易理解与掌握美术技能表现形式及方法。

另外，将作品的视觉图像"形"打破后，可以直接改变学生习以为常的观看思维状态。启发学生根据视觉图像中（色彩、形式以及图形构成）的直觉感受，在感知多样视觉图像的基础上，理解美术文化。

人只有置身于艺术价值照射的世界之中，才能深化对问题的解释性思考。因为，有了对艺术作品美的体验。由这个角度思考美术欣赏，使孩子在不断螺旋上升的图像刺激和体验中，逐渐积累美感经验，引领他们由生活的"一般的看"转向特殊美感经验的"艺术的看"（儿童美感经验的积累见图37-7）。

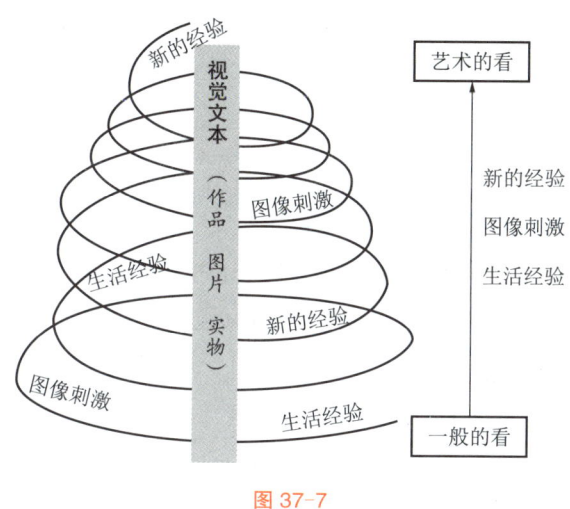

图 37-7

38、如何引导孩子欣赏外国美术作品

学前儿童感知视觉图像的活动课程教学实验，笔者曾在浙江省义乌市政府幼儿园做过为期一年多的研究，从3岁幼儿（小小班的孩子）开始，选择多种形式的美术作品，包括外国经典美术作品和中国民间美术作品，对幼儿进行审美教育。课程实施以欣赏活动为主，先进行8分钟的欣赏与共同评述活动，之后每个孩子进行自主表达（动手表现）。

选择外国美术作品时，以现代美术流派与风格的作品居多，写实性的绘画少一些，这是因为过早欣赏写实美术作品，会影响幼儿的视觉理解。因为，幼儿正处在涂鸦表现活动期，如果外国经典写实性绘画观赏进入他们的视觉，孩子必然在自己的表现活动时，出现心理（认识）上的变化这些视知觉变化将影响孩子对美术的理解和认识，更影响其动手表现（作业形态）。

案例：《月出与日落》

【教学准备与课前安排】

①砂纸、色粉笔、教学PPT课件。

②教师事先准备1200目左右的砂纸，将各种材料摆放在表现活动区域的画案上。

【教学过程】

课堂导入：在父亲的眼里，我是个小太阳；在母亲的眼里，我是个小月亮；太阳在白天闪烁着光芒，月亮在夜里总带着光亮。啊！小太阳，小月亮，充满着理想和希望。我要像太阳月亮那样，为人类幸福献出力量！（歌曲《小太阳小月亮》。）

（1）感知与体验

师：小朋友们，从刚才的歌曲中我们听到了太阳和月亮，老师要问一问，你们观察过天空中的太阳和月亮吗？不同时间看到的太阳和月亮有什么不同？

①呈现太阳、月亮的摄影作品图，引导观察。说一说分别对应什么，为什么？

②呈现文字，引导感知不同情境下太阳、月亮和他们周围环境的特点。

设计意图：通过摄影图片联系自然和生活，充分感知自然中的太阳、月亮，帮助幼儿认识，形成正确的观念，为下面的欣赏做铺垫。

（2）欣赏与引导

（出示保罗克莱作品图《月出与日落》，见图38-1。）

图38-1 保罗克莱《月出与日落》

美术实操篇

欣赏引语：天渐渐地黑了，太阳公公要下山了，月亮姐姐已经出来了。除了天空中的太阳和月亮，我们生活的环境有没有什么变化？这时候的天空开始变暗，但还没有全部黑，周围的房屋树木都被夕阳镶上了一圈光芒，有的人家已经迫不及待地点亮了灯……

教师引导：小朋友们，这幅画给你什么样的感觉？图38-1中艺术家表现的是什么时刻的场景？结合之前看过的太阳和月亮的图片，你认为画面中哪个是月亮，哪个是太阳？

（呈现作品结构图，再出示局部图。）

图38-2	图38-3
图38-4	图38-5

教师引导：图38-2中的月亮象征着夜晚，她是浅黄色的而且光芒小，在她的周围，房屋是黑暗的，我们只能看到点点灯光；图38-3，在夕阳的周围，虽然太阳的光芒渐渐地缩小，但我们能看到，太阳周围的房屋能看清楚轮廓，而且泛着橘红色。在这里你看到了什么？在图38-4与图38-5中，这些物体只能看到轮廓，此外颜色都比较暗，你看到了哪些颜色？这些颜色是明亮还是暗淡？

设计意图：通过图像分解，帮助幼儿理解不同日月状态下，物体呈现的样貌、色彩的变化。

（3）创作与表现

①画出你熟悉的生活场景，注意表现出黄昏时刻月亮、太阳和周围环境的不同。

②安排好太阳、月亮的位置，不要把它们画在一起，然后添画场景，涂上颜色。（播放轻柔、舒缓的背景音乐。）

（4）欣赏与评述

说一说你表现的是哪里的场景？它们在月光下和在夕阳下有什么不同？

设计意图：用语言描述、表达自己的想法，巩固知识。

（教学设计：宋阳，指导与分析：李力加）

欣赏活动是为了改变幼儿眼睛的观赏能力。这样的儿童美术活动方式，从对人类历史上美术文化的欣赏角度，让孩子看到、认识继而逐步达到认可、接受甚至喜欢。所以，引导孩子欣赏美术作品时，所选择的作品应该是优秀的、经典的，而且需要将中外各个不同时期的作品都纳入到孩子的欣赏内容中。让幼儿从3岁开始就接触、看到这些作品，提早介入孩子的视觉阅读中，这样的早期审美教育活动意义重大。

3岁的孩子多凭着直觉来欣赏美术作品，无论是幼儿教师，还是年轻父母，在给孩子提供经典美术作品的时候，需要秉持让孩子凭直觉欣赏和表达感受这一原则，进行全面的视知觉体验。如果能够这样实施下去，孩子的身心终究会获得良好的发展。

美术实操篇

39. 孩子在美术活动里坐不住怎么办

孩子在美术活动里坐不住，总是"捣乱"怎么办？这是在美术活动里经常出现的现象。孩子由于个体心理、生理成长发育的差异，面对幼儿教师或家长布置的美术活动任务时，出现坐不住甚至"捣乱"的现象，应该属于很正常的事情。父母和幼儿教师对此应该有充分的心理准备。

（1）创设情境，引导孩子快乐学习

一般情况下，儿童在美术活动中产生坐不住的现象，教师首先需要反思自己的教学，是否真正关注到了孩子的身心成长。也就是说，教师要检视自己的教学设计与实施过程，是否出现了抑制孩子自主探究美术问题的兴趣，教学观念上是否以孩子的自主美术发展为本。如果教学主题、教学设计、教学实施出现问题，则需要立刻调整。例如，创设某种情境，引导孩子快乐地学习。

图 39-1　　　　　　　　　　图 39-2

图 39-1、图 39-2 中的教学主题是欣赏"彩陶舞蹈纹盆"，教师在引导孩子欣赏完用图像分解方式进行解读的舞蹈人纹样后，创设师生一起舞蹈的

情境，体验远古人创造这一纹样的快乐情感。这一过程可以引导孩子在快乐的气氛中，参与美术活动。

（2）在活动过程中发布一定的口令与程序

为了引导孩子集中精力，教师在活动过程中可以发布一定的口令与程序。在美术活动中，如果出现一个孩子"捣乱"的现象（例如，用手抓其他孩子、大吵大闹或大声说话等），教师需要采用制止加劝说的方式处理，同时，要审视自己的教学设计及教学方法是否适应孩子的心理成长需要，及时调节教学方法与策略。例如，当孩子吵闹时，教师的口令为"木头人"，喊出这一口令的时候，孩子要立刻停止吵闹。

欣赏活动环节结束后，教师可以引导孩子根据欣赏过程的感受，进行自主表达。此刻不是让孩子随便动手，教师通过编辑好的口令引导孩子进行表现。引导孩子在秩序感的养成中，参与美术活动，保证创作作品的质量。

（3）围绕主题，变化形式

在引导孩子进行美术活动的时候，需要把握的原则是：围绕主题，控制时间，变换工具材料，不断激励孩子自主表现。当孩子在某个主题活动中出现烦躁的情况，不愿意继续表现时，要对其先引导，再疏导。例如，画室内的静物线描这一主题，当孩子不愿意画下去的时候，先要提示其观察，引导其能够继续画下去，如果孩子此刻很不耐烦，再疏导其按照自己的想法表现，也可以脱离静物的形态自由表现。

图 39-3　　　　　图 39-4　　　　　图 39-5

美术实操篇

孩子在幼儿园或家中进行绘画活动，一定要主题多样，变化表现形式。图 39-3—图 39-5 是吴墨卡小朋友创作的三幅不同的美术作品，有人物写生，有默写，还有用彩色水笔表现的小火车。这样丰富的题材及多样的绘画形式，可以激发孩子的表现欲望，家长要用耐心陪伴孩子一起进行美术活动。

40、如何指导儿童画教学

如何指导儿童画的教学，这是一个摆在幼儿教师面前的大问题，也是父母很关心的事情，关系到自己孩子究竟有没有美术天赋，或是孩子在感受美术方面是否敏感。

现今在儿童画教学中，教师对于孩子的引导，普遍关注对综合（多样）材料的把握及表现，始终将对某些工具、材料的综合运用作为重点，很多儿童画的创作过程大都是在玩材料中诞生的。

孩子在儿童画的学习中究竟得到了什么呢？孩子在幼年期所经历的这些美术经验，对他们日后的发展究竟有什么样的影响呢？对于孩子来说，其绘画表现的本质应该抓住什么呢？到底是幼儿在尽情地、释放性地表达，还是按照成人的旨意去表现呢？

图 40-1

或是建立在对物象形态意象性的思维方法基础上自主表达呢？从以下的幼儿作品分析中，可以略知一二。

图 40-1 是某幼儿园展墙上的作品。虽然画面看上去似乎非常有个性，是在引导孩子用线条、色点进行表现，在保护孩子的原生态基础上教学。但问题在于，幼儿教师的干预痕迹依然比较重。尽管孩子用了色点和线条，但这样的表现教师主导性太强。用孩子的手完成教师的意图，这样的儿童画意义何在？

图 40-2 这幅展墙上的人物头像问题大于图 40-1 中的色彩练习。用这样的表现形式去画人物头像，显然是教师的旨意，教师对孩子视觉记忆中的旧有图式概念的破除力度不够。左下角这幅作业属于最好的，孩子敢于表现，造型大胆。左中这幅作业问题比较大，基本是孩子脑海里概念化的图式。上面两幅与右下角这幅的问题是：眼镜的表现方式几乎雷同，说明教师在教学的时候，给了孩子一定的示范或图片的图式，所以都画成了这样的大眼镜框。

图 40-3 这几幅作业明显"露出马脚"。因为 7 幅作业中的眼镜造型都差不多，说明教师在教学的时候，给了孩子某图像资料作为临摹的参照。这样的美术活动对于孩子来说意义不大。因为，低水平的模仿扼杀了孩子原本潜在的创造能力，他们的视觉感悟从小就被某种图式所抑制。

在儿童期的美术活动中，孩子自身造型能力的提升应该成为教学坚持的方

图 40-2

图 40-3

向。但现实情况是，大多数的孩子独立用线来造型的能力，在从幼儿期到小学一年级开始的一段时间里并没有形成，相当多的儿童画作品画面表征属于一种假象，实际上不少孩子在完成"自己"这一作品的时候，并没有体现其基本的造型表达能力，包括观察方法、抽象元素、选择表达等，但在儿童画中用线描细密表达的方式却风靡全国的儿童美术教学，几乎所有孩子都在这样画。

幼儿期孩子的美术学习，需要将感知体验中外经典美术作品作为主线，同时，围绕这些作品的美术主题，紧密联系孩子的生活世界，在与美术文化的碰撞、关联中，发展孩子的美术能力，包括观察能力、表达评述能力、造型能力、对美术的认识理解能力等。

孩子在美术活动中没有形成基本的造型能力，说明其儿童期的美术学习在学科本体的积累上是欠缺的，同时对于孩子将来的发展是不利的。儿童画获得某种奖项并不说明什么，孩子拥有的最实在的能力，应该是在任何场合下独立的写生表现，自由的默写，发散的构成表达，主动的塑造能力。这些，都离不开美术学习中思维方法的开启。

图 40-4

图 40-4 为吴墨卡小朋友的默写，主题为食肉动物，从画面可以看出他在表现自己感悟到的生活。食肉动物的主题来源可能是电视，也可能是图画书，但孩子的自主表达却充满创意。

图 40-5 是儿童美术中心学习的幼儿作品。这是孩子按照教师要求描摹家长的写生作业。可以看出，孩子的观察很仔细，人物神情、五官特征等都

图 40-5

依据自己的感悟进行描绘,这样坚持下去,孩子的美术能力就会得到较好的发展。

41、为何孩子不需要学习透视

生活中常常会有年轻父母在其孩子只有四五岁的时候,就认为"孩子要学点素描"。事实上,普通公民所认识的"素描",是一种基于西方美术透视学体系下的认识,而且,这类认识仅仅来自前苏联美术学科体系中的一个分支——"契斯恰科夫"教学法。也就是说,我们日常生活中常常遇到的"科学的美术",是以焦点透视为基本认识基础,这一视知觉原理叫作视网膜映像,以这一标准来表现美术作品,常常是普通高等学校美术学院里写实美术造型。而孩子的眼睛,按照视觉心理学来分析,属于视觉常态中的眼睛。在儿童美术、原始艺术、民间美术中,其创作方式源自另外一种观看方式——视知觉常性。

案例1:民间剪纸中特殊的空间表现方式

一般的美术教师对于民间剪纸的认识,仅仅停留在"图案"或"纹样"这一概念上。图41-1—图41-4中的剪纸造型,平面展开的时候,似乎就是图案纹样的形式,而图41-4中的这一折法,形成了空间(立体)感。老百姓虽然没有学过透视学知识,但从本质上来说,其表现的内涵是依据中国人的时空观来造型的,这一造型的视知觉表现原理,叫做视知觉常性。

美术实操篇

图 41-1　　　　图 41-2　　　　图 41-3　　　　图 41-4

案例 2：埃及壁画《水塘》

埃及壁画《水塘》这是一幅非常能够说明问题的作品（见图 41-5），只有在画面的中心位置，才能看到向四周生长的树木，这是"转着看"思维状态下的表达。这实际上是人对事物常态、常性的把握与表现。

在人的日常知觉中，视觉的恒常性来自每个普通人的生活影像。例如，我们的眼睛看到的，就是我们相信的实在物体。对于儿童来说，也是这样的情况。而且，孩子将这样的知觉感受直接带到美术学习里，影响了其对美术的基本认识。

图 41-5

案例3：孩子心中的空间感

我们可以从图41-6和图41-7两幅低龄孩子的画，看出幼儿是如何认识、理解、表达空间知觉的。图41-6这一幅运用典型的"推远法"，表现远近不同的物象。大人与孩子在画面前方的主要位置，大人明显要大于孩子，孩子的左边向里推远，有一只鹤（鸟）的造型，再推远至孩子与鹤（鸟）的上方，有一只小鸟，整个画面构成了孩子心中的空间感。

图41-7这一幅作品的表现为"半透明式"。所谓的"半透明式"指的是孩子将画中人物（外婆或奶奶）、小桌、沙发等物体，按照自己理解的方式，构成由内到外、由前至后的形式。孩子理解了小桌会遮挡住画面中的人物（外婆或奶奶），在表现时又与沙发有一定的空间，画面上几根线条肯定的处理，说明孩子能够画出自己感受到的生活空间。

图41-6

图41-7

案例4：引导孩子用线条表达空间

图41-8—图41-10这几幅作品中，孩子用了特别多的线条表现各种形态（人物、动物、室内物品），包括着色。这些对于孩子认识和理解空间都特别有帮助。而且，教师要指导孩子不要害怕形态的重叠，当用线条勾勒形

态的时候，物象外轮廓发生相互重叠，说明了物体的相互遮挡关系。把这样的感受画出来，孩子就会逐渐认识和理解生活里的透视现象了。

另外，这几幅作品均采用了将遮挡形态用线形勾勒的方法重叠塑造，孩子在这样的反复练习中，可以理解并认识空间表达，甚至不需要教师讲述什么是科学的透视。

图 41-8　　　　图 41-9

图 41-10

理解视知觉常性这个概念，可以由分析具体美术作品入手。现在孩子的儿童画作业一般都受到了老师的暗示，形成某种图式，幼儿教师的做法是否存在失误，我们需要思考。

经过上述若干案例的阅读，我们可能理解了儿童绘画的发展是一个越来越依靠视知觉的过程，这对儿童美术教学有何启示呢？我们的幼儿教师一般都是在学校里接受西方绘画体系的教育，对于美术的理解仅仅建立在以西方单视点透视体系为评价的参照系中，因此总是会以所谓的透视、写实绘画的要求看待孩子的作品，这样会导致很多的问题。

不仅学前儿童无法以学习透视的知识来进行美术活动，即便是已经到了10—12周岁的小学生，甚至有些初中生，其眼睛的视知觉水水依旧停留在视知觉常性的状态中。因此，在学前儿童美术教育中，千万不能直接讲授透视的学科知识。如果父母或教师想让孩子理解一些透视的知识，需要用生活中的实际景象（事例），来隐喻透视学科知识的相关概念，这样的了解和认识才是适应孩子心理、生理发展的。

42. 如何给孩子讲授线条的表现方法

学前期的儿童美术活动，需要由引导儿童认识、理解构成美术的学科元素入手，在感知经典美术作品的基础上，内化为自己的认识后，再进行表现。

以下案例按照幼儿园小班常规美术教学活动设计并实施，基于3岁幼儿的心理、生理特点，从其生活经验出发，在感悟美术文化的基础上，梳理"线条"这一美术学科知识，引导小班孩子在视觉感受的基础上，尝试自主把握"线条"的视觉表现样式。

案例：《线的游戏》

【教学准备与课前安排】

①水粉笔、水粉颜料、纸、教学 PPT 课件。

②教师事先准备 8 开图画纸、水粉颜料，摆放在表现活动区域的画案上。

【教学过程】

课堂导入：晚风凉，野花香，谁来纺纱纺到大天亮。早也纺，晚也纺，到底纺了几斤又几两，请问姑娘尊姓名，我就是那纺织娘。（歌曲《纺织娘》。）

（1）感知与体验

师：小朋友们，还记得我们用废旧的包装盒搭的线线吗？这是我们小朋

美术实操篇

友搭的线线,特别棒!

设计意图:温习之前所学的《搭线线》主题活动,并用"空书"的形式进行肢体运动,唤起感知。

(2)欣赏与引导

欣赏引语:横线线,竖线线。大家一起画线线。快的画一排,慢的画一排,我也是纺织小能手。

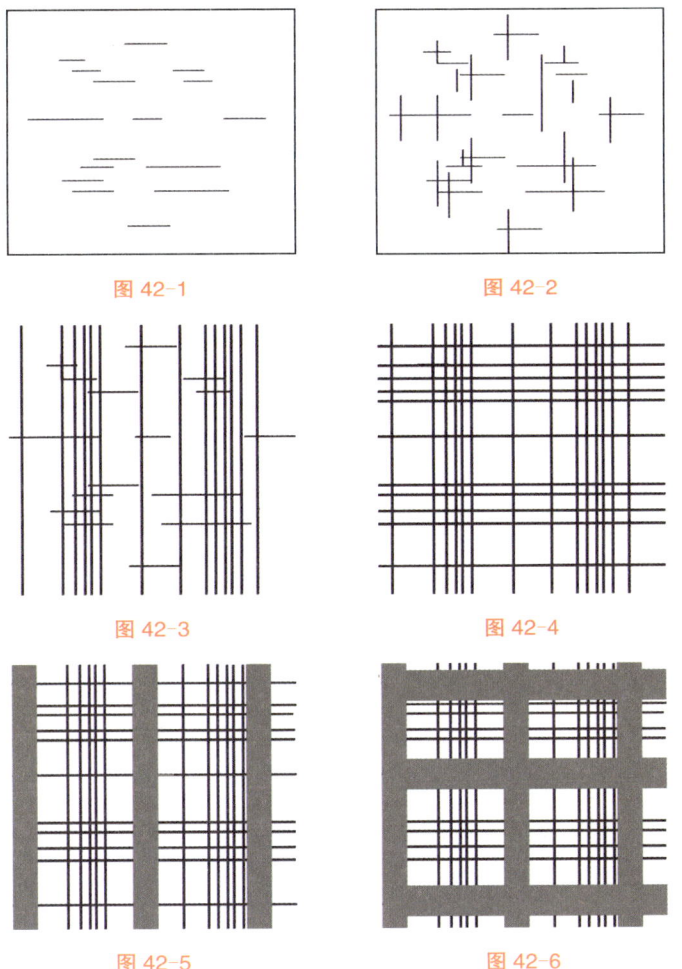

图 42-1　　　　　　图 42-2

图 42-3　　　　　　图 42-4

图 42-5　　　　　　图 42-6

①呈现黑白线描织布图,线条开始找朋友了。

②教师引导:除了搭线线,你们认识这些线宝宝吗?

③呈现解析的线的解构图。出横线（见图42-1），小朋友们看到了什么？这些横着的线都一样吗？（有长，有短。）

④出竖线（见图42-2），这又是什么线？拿出小手画一画。今天，线宝宝们聚集在了一起，他们手拉手开始为小朋友们变魔术啦。

⑤变！小朋友们仔细看（见图42-3、图42-4），竖线变长——线宝宝们变成什么样子了？（都变长了。）再看看，线宝宝们站的位子一样吗？（有些离得近，有些离得远。）我们继续往下看。横线变长——横着的线宝宝也变长了，它们手拉手围了起来。

⑥继续变！这时候又来了一个线宝宝，粗的线（见图42-5、图42-6），这个线宝宝长什么样？跟之前的线宝宝比一比。小朋友们感受到了什么？胖的线宝宝、瘦的线宝宝手拉着手很开心地玩着，他们有的站得近些，有的站得远些。可是没有漂亮的衣服。于是他们去商店买了一件衣服，又开始变身了。再变。线宝宝穿上衣服了！我们走进看看。这件衣服都有哪些颜色？

设计意图：通过形象化的方式，让幼儿认识横线、竖线的疏密、粗细的排列组合。

（3）创作与表现

①今天我们也来跟线宝宝做游戏。

②试着快快地画，慢慢地画，有不同吗？

③让线宝宝们站得近些，离得远些，好玩吗？

④今天我们也来纺织一条格子布吧！试着用不同的画笔画出不同的线宝宝。（播放《纺织娘》音乐。）

（4）创作与评述

民间格子布大展示，互相看看大家的作品（见图42-7），说说你喜欢的作品，为什么？

设计意图：发现他人的闪光点，培养欣赏他人的习惯。

图 42-7

（教学设计：姜哲娴，指导与分析：李力加）

在上面案例中的作品欣赏环节，创设"线宝宝变魔术"的情境，以三个"变、变、变"贯穿教学，吸引幼儿的注意力，调动其学习兴趣。教师以中国民间土布（格子纹）为基础，进行美术语言的提取、解构，并运用图像解构的方法引导观赏。出竖线—横线—粗的竖线—粗的横线—民间土布原图—原图的局部放大图，一步一步进行展示，改变幼儿以往的观看方式。特殊的视觉图像刺激，带来的视觉新鲜感牢牢抓住幼儿的目光，在教师的提问下，对作品进行观察与表达。

幼儿的思维与语言表达尚未成熟，教师提问使用幼儿化语言使之易于理解。本教学将线拟人化，以线宝宝的游戏来展开教学，将美术知识（线的粗细、疏密）内隐，这样的转换方式很容易让孩子理解。教学中不要求每个孩子说出此类美术语言，孩子能够理解其意思并用语言表达出"有的是这么粗，有的是这么细""有的站得近些，有的站得远些"就足够了。同时，教师的表情、动作手势、表演以及音乐等可以辅助教学，提高教学有效性。

43. 如何给孩子讲授色彩的表现方法

孩子如何理解色彩，这需要美术教师从经典美术作品的欣赏开始，改变孩子从小形成的习以为常的观看方式，进一步认识和理解构成美术作品的学科元素——色彩，在自主思考的基础上进行表现。

案例：《花儿的圆舞曲》

【教学准备与课前安排】

①水粉颜料、铅画纸、菊花盆栽、教学PPT课件。

②教师事先准备16开铅画纸、水粉颜料，摆放在表现活动区域的画案上。

【教学过程】

（1）课堂导入

秋风吹，树枝摇，红叶黄叶往下掉。红树叶，黄树叶，片片飞来像蝴蝶。（诗歌《落叶》。）

（2）感知与体验

师：小朋友们，请闭上眼睛。（教师将落叶洒落在孩子中间。）秋天来了，你发现了哪些颜色？（出示菊花摄影图片，见图43-1。）秋天里，小雏菊绽放了，还有大朵大多的菊花也盛开了。小朋友们发现了什么颜色呢？呼，一阵西风吹过，菊花仙子们苏醒了，她们带着一片片细长的花瓣跳起了圆圈舞。（呈现图片43-2。）这会是什么样的姿态呀？用小手比画一下吧！

设计意图：教师尽可能创造一种富有秋意的教室氛围，摆设不同颜色的菊花盆栽，也可以去大自然中捡不同形状与色彩的落叶，让孩子沉浸在浓浓的秋意里。出示PS后的菊花摄影图片（图43-2）后，再提问孩子花仙子要跳什么样的舞蹈，即使说的不同于圆圈舞，也要给予鼓励与肯定。

图 43-1

图 43-2

（3）欣赏与引导

（出示德洛内作品《无题》，见图 43-3。）

欣赏引语：叶子，绿色是刚出生的小嫩芽吧，红色是茁壮成长的生命力，而橙色是在夕阳下即将离去的身影，那么黑色和白色是新一轮回的开始吧。转啊转，飘呀飘，叶子，这是你生命变幻的影子，也是秋天最美的圆舞曲！

教师引导：有一位法国画家叫德洛内，他看见了此情此景，便画下了这样一幅画！我们来数一数他眼中的秋天有哪些颜色吧！这些不同的颜色都代表什么呢？

设计意图：如果没有上一环节的知觉唤起，单纯让幼儿临摹德洛内的作品，孩子只会无意识地盲从，而由真实的风景过渡到绘画作品的欣赏，幼儿更

图 43-3 德洛内《无题》

容易理解画家想要表达的是什么。在接下来的练习中，他们也将有意识地去创作。

（4）创作与表现——纸上圆舞曲

师：用你感受到的秋天的色彩，来创作一幅花儿的圆圈舞，要注意有些圈圈大，有些小，有些只是半圆哦！耐心地，一层一层地让它们的舞蹈越跳越广，越跳越欢快吧！

（5）欣赏与评述——舞步说出来

师：从别人的画面中找出自己没有画到的颜色，说一说你的花朵是怎么跳舞的。

设计意图：培养会欣赏的眼睛，在发现生活里各种色彩的同时，感悟美术作品中的美感，并能大胆表达自己的想法。

（教学设计：邵任斯、伍翔南，指导与分析：李力加）

就孩子的生活而言，强化美术作品欣赏活动，应建立在其视知觉审美感受的基础上，可以提供其对自然、人文环境做出情感性响应的机会。对于色彩的认识，由生活里的色彩（菊花摄影图片的技术处理）链接到艺术家作品中的色彩表现形式，这样的美术学习是低幼孩子开始形成社会意识、关怀他人和认识生活的基础。同时，在自我感受色彩的基础上，进行朗读、歌唱、视觉感知过程后的评述表达，以及在表现活动时，与各种艺术媒介接触后进行视觉造物转换，这些综合性行为可以整体提升孩子的感知觉能力。

图 43-4　　　　　　图 43-5　　　　　　图 43-6

引导孩子进行色彩表现，还可以欣赏这三幅画家的作品（见图 43-4—图 43-6），以此来启发孩子在运用色彩语言时的表现性。孩子对色彩的直觉非

美术实操篇

常重要，欣赏教学应该始终贯穿美术活动，这样可以提升孩子美术的眼光、格调、品味。

44、如何给孩子讲授构图的方法

孩子学习绘画构图不能按照学科性的教学套路实施，单纯的绘画构图知识需要融入在具体的美术活动主题里，引导孩子逐渐适应、形成习惯，最终达到对绘画构图要素的理解。最简单的方法是：

师：小朋友们，请看老师手中的画纸，这是什么样的形状呢？

（教师摆弄画纸，可以横放、竖放，以表示横构图和竖构图。）

师：大家在表现这个主题的时候，既可以用横的构图，也可以用竖的构图，但是大家需要注意，画的时候将你所要表现的物体都放在这个画纸里面，可以上留一指（头），下留一指（头），左留一指（头），右留一指（头）。

（教师边说边用这张图画纸进行演示，比画出留指头的多少，孩子可以直观地理解教师所讲的意图与要求。）

上述方法在讲清基本构图的同时，还可以解决孩子画物体的时候常常出现的问题：画的物体太小；画的物体位置不合适；画的物体跑出画面等。对于绘画主题（人物、景物等）在画面的大小位置、相互关系等具体的构图要求，教师可以采用一手持图画纸，一手比画的方式进行演示性操作。

等孩子经过这样比较系统的美术活动课程一年多之后，教师可以在讲授绘画构图的时候，采取画小草图的方式。例如，在黑板或画板的画纸上，教师根据表现主题，直接画出构图的小草图。对于草图的描绘方式，孩子此刻

是没有能力用熟练线条去临摹的,所以,这样的方法不会造成孩子的模仿性跟画。

45、孩子可以画写生吗

孩子是否可以画写生?这个问题关系到儿童美术表现能力的发展。在成人的美术学科教学中,写生是一个相当重要的学习方向,无论美术工具、材料如何变化,写生的学习始终伴随着美术家的生活、工作状态。对于幼儿来说,是否可以画写生呢?这方面有哪些成功的教学活动可以供父母以及教师参照呢?

首都师范大学杨景芝教授是比较早进行幼儿写生研究的中国学者。当年,她对自己女儿黄欢5岁时候的写生研究,一直持续到小学阶段,并出版了相应的著作来论证这一教学活动。

在一般的幼儿园美术活动中,直接以课程形式进行写生教学的并不多,

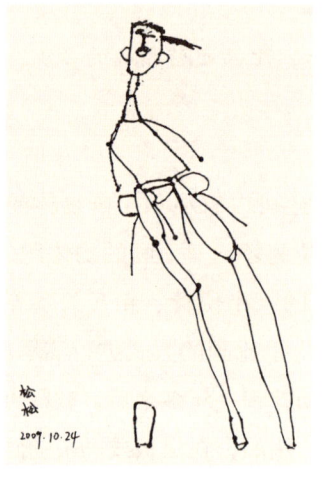

图 45-1

图 45-2

问题源自大多数幼儿教师自身素养的不足，教师对于美术的认识、理解、教学尚没有达到可以开设这一课程的要求。在大量的社会开办的儿童美术工作室、儿童美术学校以及少年宫、儿童中心里，引导幼儿画写生已经较多，也涌现了不少成果。下面，我们一起来看作品分析。

图 45-1、图 45-2 这两幅作品都是 5 岁以下的孩子画出的写生。学前阶段的孩子在表现人物的时候，既画自己知道的，又画自己看到的。教师需要注意的是，提醒孩子在观察时要发现人物的细节。例如，图 45-2 这幅作品中，有一摞叠放的凳子，孩子观察后画出的感觉可能与实际物体不一样，但这是孩子真实感受后的理解与表达，需要成人特别的肯定。如果孩子的父母在身边，看到这样的表现后，一定要给予充分的鼓励。图 45-1 这幅作品中，我们会发现孩子将人物上肢画成了单线条，而下肢又变化为双勾，表现出人物肢体的厚度，这说明孩子对物体的理解已经有一定的深度。

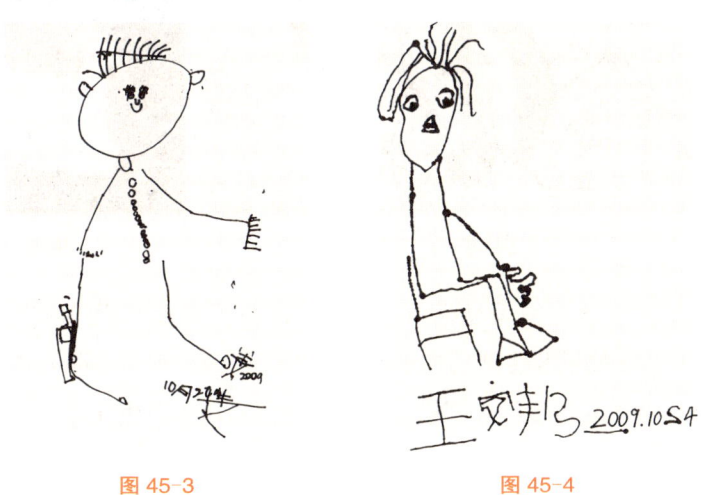

图 45-3　　　　　　　　　　图 45-4

有时候，孩子会采用比轮廓描绘法更精简的方法，如用一根简单的线条来记录某一物体的外形。譬如，用一根单独垂直的线条，表示一个直立的人形（见图 45-3、图 45-4）、一根石柱、一座很高的建筑或者一棵树。这种用一根线条记录某一个物体，往往就代表该物体的象征，就如同一个箭头符号可代表一种运动的力量。

图 45-5 这幅作品特别有意思。孩子是在现场写生自行车的活动中，直

接画出了"妈妈带着我来学美术"。这样的主题表现呈现在写生活动里,表明教师给予孩子发挥意象的空间,写生活动与自主联想整合在一起。由于是低幼年段,可以看到孩子用了单勾线的方法画出自行车。

图45-6高靖波小朋友的作品是在砂纸上直接用油画棒画写生,可以看出头发与砂纸的底色混合,在人物的头部与躯干的处理上,突出显示出头部。五官的刻画很有意思,眼睛、鼻孔直接用黑色的油画棒来画,人物的整体轮廓又特别使用了红色来勾勒,说明孩子知道砂纸的底色很重,无法显现人物的外形。

图45-5　　　　　　　　　　　图45-6

总之,在孩子写生过程中,乃至评价孩子写生作业的时候,成人最需要注意的是:提供写生活动的平台,引导孩子仔细观察不同的物象形态与变化,基本不需要具体的表现指导。假如教师对孩子写生作业指手画脚地评论一番,得到的结果肯定是孩子不再想画了。成人需要以持续鼓励的话语引导孩子自主观察与表现,逐步积累之后,孩子就会喜欢上写生。

总之,教师乃至父母应该鼓励孩子画写生。写生活动对于孩子观察能力、表现能力的培养具有相当大的作用。孩子可以用写生炼就表现能力,记录各类生活中的构件、结构以及解读原理,由此也可以养成严谨的观察习惯和思考方式。

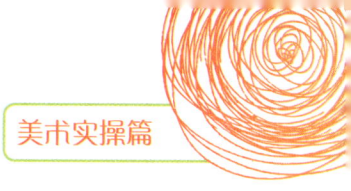

美术实操篇

46. 如何指导孩子线描写生

教师究竟如何指导孩子的线描写生，这是令相当多的美术教师极其困惑的问题。笔者多次反复提出，4—5岁的孩子可以根据对生活中物象的感受来作画，此刻，孩子或许不明白教师要求自己这样细细地看（观察）是为了画好写生，但只要孩子能够仔细地观察，逐渐思考看到的物象里有什么吸引自己的东西（细节），并可以逐渐耐心地将其画出来，这样的表现过程就是写生活动所要达到的目的。

（1）教师的语言指导

在孩子线描写生的教学指导中，美术教师如何说至关重要。一般人认为，仅仅依靠嘴巴说，似乎无法让孩子画出好作品。但实践证明，良好的儿童线描写生教学，依靠美术教师的语言指导，效果是最明显的。具体包括以下几个方面：

一说如何看（如何观察）；

二说看什么（怎么看）；

三说在画面上要留下什么（构图）；

四说如何表达（用笔方法，结合局部示范）；

五是作品欣赏解说（由欣赏作品启发表现方法）；

六是在学生表现过程中的提示、引导语言；

七是作业评价中的引导。

（2）教师不需要为孩子示范

在孩子线描写生学习中，一般情况下美术教师最好不要示范表现，特别是不要对整幅作品如何画进行示范。如果需要示范，可以从物象局部造型的

知觉理解方面展开，一边画出物象局部造型的结构，一边用语言分析如何表达。实践证明，如果美术教师从头到尾为孩子做写生的示范，其结果是无效的，即便是小学5—6年级的孩子，也不可能按照美术教师的作画范例进行表现。

（3）引导孩子将画面表现得更深刻一些

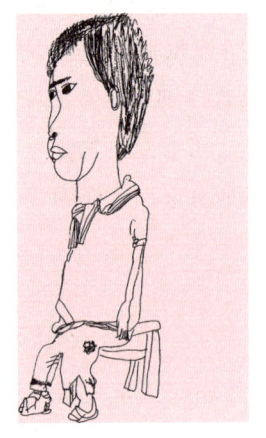

图 46-1

图 46-2

图 46-1 和图 46-2 这两幅作品都是王乐平小朋友所画。他观察细致，刻画深入，对人物神态的捕捉很到位。所以说，即便是五六岁的孩子照样可以画出精彩的线描人物写生。关键在于，教师要始终鼓励孩子进行创作，同时，要以优秀的写生作业来强化欣赏，此刻要结合讲授，分析优秀写生画面表现的长处，引导孩子大胆表现，自由发挥。

5岁的孩子可以画出如此精彩的画面，见图46-3。这幅作品说明孩子观察特别仔

图 46-3

细，表现非常深入。如人的形态中后背的弧线，表现了骑车运动中的张力，头部前伸，形态夸张。所以，年轻父母和幼儿教师一定要相信孩子的绘画表达能力！

图 46-4 这幅作品采用油画棒加水彩的方法完成。5 岁的孩子画得如此出色，真是特别让人感到震撼。这就在于从 4 岁开始，教师就启发马葆程小朋友发挥自己主观感受大胆表现。另外，他在教师的引导下，对于空间知觉的感受比较深刻，人物与背景的构成特别巧妙。

图 46-4

要想让孩子的画面表现逐渐丰富与深入，并非仅仅是在画面上加上细密的线条。深入理解物象所体现的学科要素，是孩子表现的关键。例如，对写生物象的空间知觉水平，对线条运动的触觉把握等，还包括如何提炼出物象的结构线来。这些是深入刻画、深入表现的本质。

所有的孩子在表达中，都以自己对某个物象的认识（理解）来对写生物体进行简化。小学 3 年级以下的儿童，其简化程度比较强，最强的为 5 岁左右的孩子。这一简化表现是儿童特有的知觉方式，教师需要理解儿童这一心理发展时期的特征。

给幼儿教师和家长的81条美术教育建议

47、如何走出简笔画认识的误区

简笔画是成人以抽象概括的线条，描绘事物和人的轮廓形态，将此方法提供给孩子摹画。很多幼儿教师和年轻父母会误认为这一方式简单明了、形象生动，孩子可以有效地掌握绘画的基本方法，殊不知这一教学方式给孩子造成的伤害是巨大的。

例如，某校外画室组织教师画出一批简笔画后分类出版，不仅在自己画室里用，还在社会上广泛传播，殊不知这些东西对孩子的想象力、创造力伤害之大是难以估量的。抨击简笔画教学在我国并不是什么新鲜的话题，可悲的是还有太多幼儿园依旧在教孩子学简笔画。

（1）幼儿教师认识的误区

①误认为简笔画是为儿童学习绘画而创作的绘画图式，以为用这样一种简单写实的轮廓线画外形，孩子可以较快地把握绘画技巧。另外，有些简笔画图形有着可爱、童趣的元素，幼儿教师误认为这些图形适合儿童的心理。

②幼儿教师不明白学前儿童美术教育的本质是什么，错误地将儿童美术等同于某种绘画技能的传递，误认为只要教会孩子画出一张图画，就完成了美术教学任务。简笔画教学比较简单易学，孩子又容易出"成绩"（作业），自然会受教师的欢迎。

（2）年轻父母认识的误区

不少年轻父母误认为，孩子在美术学习中，如果不示范性教给孩子绘画的方法，孩子就画不出来。看起来这个观点无可厚非，因为每类技能都需要教师特别去教。但问题的关键在于，如何理解儿童在美术表现中的技能把握问题。理解儿童美术活动中的"教"，如果仅仅将其定位于教师给孩子提供

一个模仿的范本，让孩子照着画，那就不合适了。临摹，是中国美术学习中非常重要的一种方法，无论是"临习"，还是"摹画"，有着一整套独立的方法。但是，这样的临摹方法对于孩子来说，是不合适的学习方式。家长应该走出这样的误区。

（3）走出简笔画认识的误区

①要想让孩子好好地"画出些东西来"，更重要的是引导孩子观察生活，自主体验生活中已经存在的美术学科要素，例如线条、色彩、形态、肌理等，以及其丰富的变化造成的视觉形式。

②在日常生活里，教师或父母需要有意识地启发孩子主动感受与观察，并在听觉、触觉、嗅觉等整体感官联想的基础上，自主地表达个人感受到的东西。

③孩子的绘画作品从他们稚嫩的表达开始，父母和教师要鼓励孩子探索和自主创造，不应该急于让孩子画出一幅所谓看得上眼的"好作品"，更不能以成人持有的客观、科学的思维方式，来贬损孩子稚气、充满天真的、"不合理的"画面形式与形态。

不同年龄段的孩子有着特殊的心理特征和规律。孩子用任何工具在任何材料上留下的痕迹，都是一种生命的释放。孩子的艺术表现和自主创造有着特有的表现方式，模仿简笔画图形不是美术学习，更不是美术教育。如果从幼儿期开始，成人要求孩子去模仿某种固定的表达方式，这会严重阻碍他们潜能的释放与发展，扼杀孩子的创造性。

给幼儿教师和家长的81条美术教育建议

48. 如何指导孩子的美术手工

如何指导孩子进行美术手工活动，就此问题，笔者与幼儿教师展开了一次对话，供大家讨论。

教师：我想问一下，我们园开设了一个美术班，只有中班以上的孩子才能学，我想让自己家的孩子也学，是不是不用特意教，让孩子随意活动就可以，中班孩子的美术手工该怎么教？

笔者：在幼儿园美术活动中，真正能够按照符合儿童心理、生理发展规律，组织教学活动的教师太少了。因此，不施教反而好。孩子所谓的手工活动，不应该定性为要完成什么，而应该引导孩子接触不同的材料，不是要在一段活动时间内必须做出什么来！

【图48-1中，孩子学习民间拓印蓝印花布，这个拓印的操作过程需要合作完成整个画面。】

图48-1

教师：是啊！但是，幼儿园有要求，园长觉得我那样教不太好，孩子学不会。

笔者：孩子究竟要学会什么？在手工活动里，只要孩子对不同的材料有触觉，对各类材料特性有自己的感觉就可以，不是将做成什么东西当成活动的最终目标。美术活动的过程应该是孩子的身心与机能都得到愉悦和感受，在对不同材料的接触中，自己小手的肌肉与骨骼得到锻炼，是一种身心与机能的体验。

教师：是啊！现在发给孩子的示范画全是成形的！比如，画画时老师最常使用的方式就是，老师在黑板上画，让孩子模仿，这是错误的吧？

笔者：这样教肯定是错误的。幼儿园的美术活动应该在一个主题的感悟中，让孩子自己玩，而不是幼儿教师去教！孩子在过程中的体验和感受最为重要。

教师：我们班的孩子是中班的，动手能力特别差，有的东西自己不敢动手做，全靠老师协助。这样做好吗？

笔者：怎么，如果教师做出的东西就是孩子的，这是纵容孩子从小就学着作假！

教师：那怎么办？是不是应该让孩子多看？如果老师不协助，孩子根本做不出来。

笔者：美术活动要围绕一个主题，孩子进行自由表现。孩子如果做不了，完成不了教师的要求，证明提供给孩子的教学方式和思路是不对的，有可能违背了孩子生理、心理的发展规律，需要停止。

教师：是不是这样，比如做个小拖鞋，先拿实物让孩子看，然后再做，有的孩子做的只是半成品。

笔者：在美术活动中不能要求让孩子做成什么。因为，孩子的小手、肌肉尚不具备这样的能力去完成，教师强制让孩子去做的方法是不妥的。

例如你提到的做"小拖鞋"这个事例。"小拖鞋"仅仅是一个主题中的物件，其活动本质应为孩子理解和认识视觉造物转换。首先必须要欣赏造物转换的作品，欣赏作品的过程，教师要分解"作品图像中的造型元素"，例如，"小拖鞋"的造物表达可以有几种方法或形式，孩子如何完成某一方法及形式，难点在哪里，都要一一呈现给孩子。

当欣赏活动结束后，教师需要按照自己事先设计好、准备好的替代性材料，如纸张（各类废旧纸张及彩色纸）、纸板材等，以儿歌朗读或口令的方式，将表现环节融合于游戏中，引导孩子独立完成"小拖鞋"各部位的折、剪，最终组合完成自己的"小拖鞋"造型。

学前儿童所谓的手工活动，应该是引导孩子广泛接触材料，而不是硬性要求孩子做成什么。在接触材料时间长了之后，孩子才能逐渐理解、感悟某类材料的特性，然后才能做出自己可以完成的物件造型。

教师：手工活动由让孩子广泛接触材料开始，进入到自己的造物转换，家长和园长不理解啊！他们只是感觉孩子一节课下来什么都不会！

笔者：注意，幼儿园是不允许上课的！学前教育应该是以主题活动的形式，引导孩子全身心感悟主题，而不是以上课的形式，必须在20分钟内完成什么。主题活动的时间是有持续性、单元性的，孩子需要在动态里完成整个活动。如果家长觉得这样的美术活动有问题，需要给家长开会，也可以让家长自己去做，让家长从孩子自身的能力思考，看看孩子是否可以完成。

如果园长不明白，可以让她进一步学习。中国学前教育的最大问题是小学化倾向太严重。美术手工活动需要在某个主题的引领下开展，感受主题的文化内涵，接触相应的材料与工具。然后，引导孩子对主题的内涵进行自主表达，而不是按照小学那样分课时去上课，这是揠苗助长的学前教育。

教师：是啊！每个幼儿园都这样，把小学的课全上了。我会按您说的让孩子多接触，以玩为主，在学中玩，在玩中学。

笔者：现在学前教育的问题，是大家的观念需要改变，思考如何引导孩子，而不是怎样教孩子。学前儿童美术教育，需要还给孩子一个率真的童年。

中国的孩子过早地被所谓的"学习"课坑害，学前教育的艺术领域更没有按照儿童的艺术化生存的要求去开展美术活动，这些问题的根源因素来自多方面。在美术手工活动中，幼儿教师领悟到其中的问题后，能够做的就是从自己做起，逐步渗透适合儿童心理、生理发展的艺术教育思想。

49、为何儿童画"成品感"过强不好

儿童画"成品感"过强，是一个比较严重的问题。此现象的出现，基于整个社会对儿童美术认识的偏差。

图49-1这幅作品就是在幼儿教师的要求下，孩子尽力达成画面的完整性。有的家长和教师可能会问，这样的画面不是很好吗？幼儿园的孩子在3—6岁这个年龄段，他们在绘

图49-1

画表现的本质上是无法完整地将画面处理好的。之所以这样画，均是由于教师的指令。这样的误导，第一，想以作品的完整性获得儿童画比赛奖项；第二，成人对于儿童画本身的认识、理解存在偏差；第三，源自教师对于儿童美术教学理解偏差。

近30年来，我国的儿童美术教学中存在一条难以逾越的鸿沟——临摹教学。一位美国学者在中国进行儿童艺术培训工作时，生发这样的感受："我来到北京附近的一所小学，让6—7岁的儿童画画。从发展阶段来说，他们的绘画水平和美国儿童相当，但是我让他们画自由画时，却使他们感到不安。因为，中国孩子更喜欢让我先画一幅，他们来临摹。这种情况对我来说并不奇怪，他们认为艺术活动要接受成人的指导，这种信念来自成人的权威。"[1]此状况真实地反映了中国儿童在绘画学习方面的心态，这样的心理活动不是艺

[1] 玛考尔蒂. 儿童绘画与心理治疗：解读儿童画[M]. 李甦，李晓庆，译. 北京：中国轻工业出版社，2005：31.

术活动需要的心态，是与艺术本质相背离的。

临摹，是美术学习中的重要方法之一，但儿童美术教学中的误区是，认为美术（绘画）学习必须要临摹成人的示范，没有成人的技术性指导，可能就不是艺术学习。教育部《3—6岁儿童学习与发展指南》明确规定，不能采用这样的教学方式。这一问题，在小学美术课堂上更加严重，我们看到的几乎都是绘画临摹教学，孩子缺少自发的绘画表达。有良知的美术教师应该尝试改变这样的现状，虽然这并不是一件容易的事情。

调整、改进这方面的问题，需要在儿童美术教学中具体强化以下三方面的教学：

第一，感知与表达应该是儿童美术活动的核心，强化孩子对美术作品的欣赏和理解，要成为最主要的教学活动。欣赏学习的深入，将改善孩子的视觉记忆，对于孩子的自主表达能力的提升有着不可逆转的作用。

第二，加强写生教学与默写教学的课时比重，以生活世界的感知体验和独特的知觉思维，唤起儿童对美术表现的全面认识。这样的教学将改变单一临摹给孩子带来的弊病。

第三，课堂教学中教师要强化美术文化的阐释力度。引导孩子从幼儿期就认识作为文化的美术课程，教师自觉地改进具体的教学方法，以创设情境的方式，营造美术文化接受的氛围，促进孩子的学习热情。

50、如何避免儿童画用孩子的手完成教师的意图

儿童画中用孩子的手去完成教师的意图，这样的倾向在幼儿园美术教学中普遍存在。也许有人会认为"存在即合理"，真是这样吗？大多数幼儿美术教师在指导孩子进行美术创作时，以自己的主观意识代替了儿童在美术活

动中的独立思维，想让儿童的表现达到自己要求的画面效果，在儿童表现时执意要求孩子追求画面的某种效果，甚至是一种特殊的"制作"，这样的儿童美术作品，与其说是儿童所作，不如说是美术教师所作。

图 50-1 这 4 幅作品整合在一起，看上去应该很好啊！你看，涂鸦的感觉，自由的表现，哪里有教师的意图呢？这是来自某校外培训机构的儿童画作品。画面上呈现的状态并不是孩子自发的感受与表达，而是教师有意要求孩子将画面的效果画成这样的。上面两幅的涂抹，下面两幅中的放射状形态，都是教师安排孩子这样表现的。

有的教师会问，难道教师按照教学目标来要求孩子不对吗？这一问题乍一听似乎有道理，但实际情况在于，美术教学对于儿童来说究竟要达到何种目标？教师在儿童美术教学中如何做才符合儿童心理、生理发展水平？

每个孩子在其绘画过程中，有着各自不同的情感表现和理解水平。教师需要在尊重孩子自发绘画表现和其内心对美术文化知觉的复杂性基础上，思考自己的教学目标设置得是否合理。因为，孩子在美术文化学习中的情感体验不是一个简单的问题，每个孩子的生活经历各不相同，特别是不同年龄段的

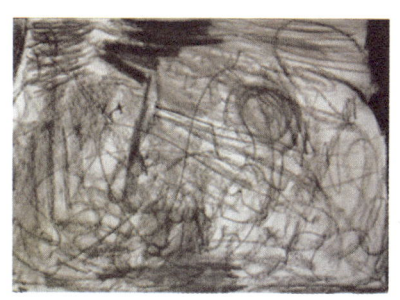
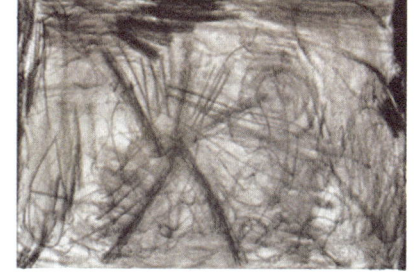

图 50-1

孩子由于其感悟生活的经验不同,因此,其对美术文化的理解,对美术作品的情感反应,自然也是各不相同的。

因此,儿童绘画教学中,教师需要提前研究儿童对美术文化的知觉。教师需要做到的是,看一个孩子的心理知觉反应,将那些已经有的观念(论点)悬置起来,这样的教学才是质性的,才是回到事实本身的。如何理解这句话,最普遍的案例:在学前美术教学中,几乎都可以看到孩子在美术表现时,画面出现卡通形象的视觉图式,出现幼儿教师教出的那种画纸上呈现出"半个太阳""三根毛"式的草,还有"树干加树冠"的简笔画图形等。教师需要在教学中将这些视觉图式悬置起来。所谓的悬置,就是教师要引导孩子欣赏经典美术作品,改善其视觉记忆中这些不应该属于美术本体的视觉图式,逐步引导孩子感悟真正意义上的经典美术作品。

图 50-2

拿图 50-2 这幅作品来说,它是由某幼儿园展示的孩子作业。为何说此作业有问题:第一,画面中的绿色叶形是在幼儿教师的指令下,要孩子贴在蓝色的卡纸上;第二,绿色叶形的纸上再贴上不同的三角形,也是幼儿教师指令下的粘贴。上述表现是为了完成学习主题"端午粽子"。问题在于教师用孩子的小手完成了这样的作业,美术活动对于孩子来说有何作用呢?是提高其审美眼光?还是发展其潜在能力?或是有何想象表达的意图?

教师采用这样的教学方式,会对孩子在美术活动中的动机和态度产生影响，这些因素在左右着孩子的心理表达。例如，孩子在不自觉地执行着这样的意识，"我的画是为了我的爸爸、妈妈而画的，画得'像'了，爸爸、妈妈会夸奖我。"这是一个非常严重的问题。难道美术的表现是为了"像"生活里的某物吗？

再如，教师为了使其指导的儿童作品在比赛中获得奖项，在作品表现性指导上，偏向追求所谓的形态更"写实"与画面的"完整性"。要求孩子的表现更趋近教师的要求，这些都属于"用孩子的手，完成教师的想法"。真正意义的儿童美术教育，需要改变这些问题，才能促进孩子健康、快乐地成长。

51、如何具备意象性的美术思维方式

艺术家的世界是一个"看见"独特风景的世界。"看见"不是一般人的眼睛为了基本生存需要意义上的看，"看见"是有特殊距离的一种自我意识的拥有。艺术家是以艺术的方式拥有这个世界，创造这个世界。幼儿园的美术活动、学校美术课程以及校外儿童美术教学，最基本的培养目标是要引导孩子能够像艺术家那样，以自己独特的目光，意象性的思维方式，在自己最熟悉的物质世界中，看见那些不被平常人发现的细节。由此，引发出创造的意象。这样的眼睛，这样的目光，这样的思维方法，归结于——具有发现的眼睛。

在儿童的美术学习中，什么是孩子心理上认为的真实"存在"？凡是孩子眼睛能够看到的现实生活里的一切物象，是他们心目中的"存在"物。对于孩子来说，这是一种基本的知觉水平。

给幼儿教师和家长的81条美术教育建议

案例：彭佳琦小朋友眼中的"厦门演武大桥"

图 51-1 为彭佳琦（5 岁）小朋友的作品"厦门演武大桥"，当 5 岁孩子眼中的厦门演武大桥形态落在宣纸上的时候，可以感受到它由一种具有空间延伸感的线与多层次墨色痕迹构成。

图 51-1

看到这幅作品，成人似乎感觉没有什么意义。因为，形态上并不写实，也没有艳丽的色彩。从中能够联想到什么呢？从画面上看，汽车在桥栏杆的外端，行人则在另外一边桥栏杆的内侧。看上去，好像不合理，但孩子画出的不同高度的桥面与桥立柱，在整体上架构了厦门这座很著名的桥。

这说明，儿童在幼儿期的知觉体验非常珍贵，孩子对演武大桥的直观感受决定了其表现的结果。简洁的水墨线条，表达了孩子最真实的、纯粹的心理体验。

孩子参加美术学习之后，达成的基本能力，并非是画出什么，也不是为了画什么而去学习美术。每个孩子经由美术活动的积淀，能否逐步由普通人眼睛看上去的现实物体的"存在"，转化为能够建立意象性的目光，这是一个孩子参加美术活动（学习）的本质意义所在，也是儿童学习美术的有益结果。

经过若干年的美术活动体验，孩子可以对美术学科要素进行提炼，对美术文化问题产生想象与联想，并由此产生自发的释放性表达。这是验证儿童美术教育方向是否正确的试金石。这些基本体验和能力的达成，是儿童意象性目光建立的基础。

当孩子在美术活动（学习）中，遇到不太明白美术创作本质的教师的时候，当有些家长反复地向自己的孩子灌输其想法的时候，这个孩子的视知觉水平就会出现难以逾越的知觉鸿沟，这个孩子视觉审美能力的发展就受到了抑制。假如一个孩子在美术活动（学习）过程中，由于教师教育观念导致其教学水平出现偏差，孩子的眼睛对现实生活里物象存在的真实性知觉"中毒"了，那么孩子的思维就会困在这个现实"存在"的低水平知觉里走不出来，而无法感受美术表现中的意象性，无法深入理解美术文化，更无法达到基本的视觉审美素养。

52、如何能够让孩子画得更轻松一点

孩子能否画得更轻松一点？少一些特殊的制作性（包括儿童的版画作品），多一些绘画性，多一些自然状态下心灵的显现。

图 52-1 这幅作品属于自然状态的儿童画。这样的创作水准比较如实地反映了 4 岁孩子应该有的水平。图 52-2 这幅作品就属于教师强制要求完成的样式。这样的儿童美术活动对于孩子的发展没有益处，因为，孩子是在教师控制力的作用下，去刻意完成制作性的画面，这是违背孩子心理、生理发展的教师行为。

一幅儿童艺术作品，包括真实表达儿童心理的儿童画，主要由三种成分构成：内在的情感、外在的构图、色彩、形态、线条、肌理等学科要素的东西（形式），以及作品蕴含的意义。成人或其他欣赏儿童画的人，必须通过

作品的外在元素，接触、感受、分析儿童的内心情感，再结合儿童创作时的背景，从而真正地了解、认识作品。

图 52-1

图 52-2

由于相当多的幼儿教师，包括学校美术教师、校外儿童美术教学的教师，受美术表达认识水平所限，以及对艺术本质认识的偏差，造成在儿童美术教学指导中，孩子对美术"写实"表现方式上的一种误读。

孩子造型能力，也就是儿童绘画训练中，其对自己形态语言的建立与构成，依赖于每个孩子个体的主观意志、心理、生理、意识、认识、思考等一系列的形象化思维，孩子在美术活动形象化的思考过程中，并不只是对某物客观地思考，也不是以对自然物"简单的摹仿"与"再现"，即便成人感觉孩子作品画得很"像"，但实际上更多的是带有孩子个体主观意念的自我表现，是儿童内在情感通过这种形象化思考所形成的外在反映，这包括儿童在成长和转型期中所画出的某些更"写实"的作品。

成人需要明白的是，儿童期所表述的"写实"与成人美术中的"写实性表现"有着本质的区别。儿童美术表现形态，其本质与民间美术、原始艺术、现代艺术是相似的，更多的是意象性的。所以说，率真的表现，应该是孩子美术作品的本质，在所有的儿童美术教学中需要大力倡导孩子轻松地画，将孩子自然的心态，大胆的联想，无拘束地表达出来。

美术实操篇

53、如何避免临摹的思维方法

艺术是不能重复的，但凡能够称为艺术的，只有一件。在美术学习中，教师引导启发孩子进行美术表现的时候，最重要的教学要求就是，不能重复教师示范的作品，不能与他人的作品一个样子。即便是使用最传统的学习方法——临摹，也不能容忍孩子重复教师的示范。

按照儿童发展的心理与生理规律，孩子自身在美术活动中，并没有能力重复。所以，重复他人图形或作业的美术课堂教学，应该说是没有任何意义的，是无效的课堂。在临摹教学中教师需要传递给孩子的基本思路是，了解某种临摹的思维方法，而不是将临摹某种图形作为目标，更不是以"像"什么来评价孩子的作品。

当孩子把握了某种临摹学习的思维方法后，他们能够按照自己的意愿重构作品的时候，美术教师可能会为之而感到震惊，因为，这个时候的表现是有创见的。这才是美术学习的本质意义所在。

走遍中国大地，在幼儿园的美术课堂上，简笔画的模式化图形泛滥，到处看到的是一样的草、一样的太阳、一样的小鸟、一样的树、一样的云朵……在这样低水平的模仿式教学里，绝大多数幼儿的眼睛被污染了，这是非常可悲的事情。

在大多数幼儿园的美术教学里，教师大量地教给孩子一些经过成人简化了的形象，一笔一画地按顺序让孩子记住这些形象的画法，包括手工制作的形态，也是这样低水平的简化处理，对于处在图式期的孩子来说，这应该是再容易不过的事情了，孩子也可以很快借用这些形象，画出比较漂亮的画，去参加展览甚至得奖。但是，这是有效的美术教学吗？从长远的发展来看，从孩子的审美素养来说，孩子又学会了些什么呢？

设想一下：假如将世界上的万物一样一样地由成人简化成某种图形之

后，再教给孩子，在美术学习中，如果只以少数的形象（图形）来代替万物，这样不是扼制了孩子的观察力、想象力、创造力的发展吗？

所以，选用什么样的教学内容、什么样的教学方法，对孩子眼睛的知觉发展更有帮助，应该以能否提高孩子的心理、生理、知觉发展基本能力（本质力量）为标准，而不是以能否画出几张所谓漂亮的画为标准。

要知道，儿童对于美术的喜爱，对于视觉图像符号的理解、感受、使用频率、知觉水平，往往都是早于文字和语言的。也就是说，儿童期的美术活动不仅促进孩子语言系统和知觉能力的发展，同时美术本身的内在价值，其创造性与不可复制性的艺术本核，更需要通过儿童期的美术教育让孩子获得。

只有在学前儿童美术教育中，在美术活动具体教学指导过程中，教师真正地关注了儿童心理、生理的发展规律，真正地保护儿童笔下自发的涂鸦行为，中国的儿童美术教育才能有本质上的改变。从学科本体讲，也就是说，只有大多数的幼儿教师能够真正明白孩子对"形"的知觉传达与接受，具有独特感知与表达的时候，美术教育才能有本质上的发展。

54、儿童绘画与现代美术有何关系

儿童绘画与现代美术究竟有何关系？这个问题要从画家塞尚谈起。

（1）"现代绘画之父"塞尚

被著名的艺术家毕加索誉为"现代绘画之父"的法国画家塞尚（代表作品见图54-1），他出生的那年正好是这个世界上一项重大发明诞生的日子——法国画家、物理学家达盖尔发明了照相术。达盖尔发明的感光材料，

美术实操篇

图54-1　塞尚《水果盘、杯子和苹果》

让当时的画家们感受到了巨大的冲击与挑战。

塞尚的一生都以其感受力和责任感，接受这一技术革命所带来的挑战。塞尚鄙视那些想与照相机抗争的单纯的精湛技术，塞尚认为，光是天地万物的使节，人的心灵对于光的感受，比照相机里的感光片（达盖尔发明的感光片/版）对它的感受更真实。

我们都知道，在塞尚的时代，有一个最著名的绘画流派——印象派。塞尚最初的时候也属于这个画派。印象派对于彩色的表达方式，在儿童早期的涂抹中已经出现了，它是孩子感受到光线时，所画出的原始的图画。同时，塞尚也怀疑印象派画家们用所谓精湛的技术，将每一个偶然出现的映像片段，如眼睛所见那样重现出来。

塞尚认为，美术是感悟生活世界后的一种独特的思维方式，人的视网膜不能与照相机感光板上的感光材料层去竞争，因为，这不能体现唯有人才能取得对宇宙（生活世界）构造的深刻认识。塞尚对美术的深刻认识和理解，促使他对肤浅、单一的视觉重现的纯熟技巧进行反思，在作品里将人和事物的本质以及世界的内在力量分开。他有意识地教育自己，在自然面前要放弃单纯的气质——视网膜的知觉反应，还要放弃自己已经取得的某些能力，在画每一幅画的时候，都要在某种程度上从头做起。例如，像儿童那样在建立其图画世界时所发生的那样，走过所有的阶段。

塞尚放弃了已经有的古典派绘画传统表现方法，放心地把自己交给自然，交给自身所有的原始感受。塞尚身处于古典美术和现代美术之间，他极力地将混沌、旋转、几何的状态，汇集在能见世界的一种可辨识的形象中，将那些"抽象的"东西掩藏在"自然的"东西之中。

（2）儿童绘画与现代绘画不可以画等号

需要注意的是，很多人在并没有认识、理解美术的基础上，误将儿童绘画与现代绘画划等号，给孩子的美术学习带来了诸多问题。

人的美术发展大体需要经过几个阶段：涂鸦、图式和写实。成人的现代美术发展之路和儿童美术（绘画分期）的发展正好走的是一条相反的道路。孩子的眼睛知觉及绘画表现的发展过程，是在努力地从杂乱、混沌状态发展到有秩序的画面形式，然后再从这个秩序的起点走向追求具象的表现。成人的美术发展恰好相反，真正成熟的艺术家创作是经历了写实阶段之后，再次步入图式阶段进行自我选择，其结果是为了返回到自然、生态的本源中去。

因此，成人的现代美术和儿童美术的意义完全不同。儿童美术是儿童成长过程中生物学和精神发展的标志，它是对世界进行有格律的掌握。相反，成人的现代美术是一种自由的审美行为，个体自主的表达行为，其视觉技术表达更能够显示出艺术家个体的本性，具有创造性应该是艺术家永恒不变的追求。

由此可以看出，近现代所有伟大的艺术家的影响在于，他们中的每个人都在前人的基础上，重新发现了一个属于自己的艺术世界，并从此层次中出发，进行自己的艺术创作。实际上，我们每个人天生都具有这种基因，但却由于某种原因被埋没了。美术教育之所以对于儿童的成长有着不可或缺的作用，就在于，美术活动（学习）改变了孩子眼睛的观看方式，透过欣赏、理解现代艺术家的作品，使原本存在的这种层次得以再生。给予孩子美术学习的机会，充分积极地去感受他们直观发展的早期阶段，是激起孩子对这一层

次发生共鸣的先决条件。

（3）儿童绘画的本质在于其独特的生命感悟

艺术之所以不同于生产流水线上的产品，就在于它是独特的、有创造性的。如果教师在美术活动过程给了孩子一个标准，并要求他去摹仿，必然会限制其对事物的想象。例如4岁左右的儿童已经可以大胆地、独立地按照自己对周围世界的认识，创造出有象征性的图画，如"蝌蚪人"，孩子会把圆圈当作头部，两只大眼睛占据了头的主要部分，用单线条表现手和脚，创造出富有儿童本性的"蝌蚪人"。

美国一位学者曾经做过这方面的试验，同样是对于小鸟的表现，孩子学过简笔画后，只会用几个规范的几何图形"画"小鸟了，在这之前，他们却能用多种方法来表现，即便充满稚气，却体现了创造的活力。遗憾的是不少家长在孩子两三岁的时候，就手把手地教孩子简笔画了，孩子还没上幼儿园就在绘画上很"成熟"了。

美术分为具象美术、意象美术和抽象美术三种样式。中外历史上多种类别美术作品中，对视觉语义信息和符号信息的应用，以及两者同构关系的形成，为解读和欣赏美术作品，提供了基本的支撑。现代美术作品与儿童美术作品、民间美术作品在某些形式、色彩、表达上的相近感，可以为学前儿童美术活动提供大量佐证。幼儿教师、年轻父母要引导孩子由理解现代艺术家作品、民间美术作品与认识自己涂鸦作品开始，进入到生命意义的本质，思考美术创造的意义。

这样，儿童美术教育才能由艺术的本质——生命的意义这一高度，进入到美术学科本体的视角，思考问题。只有这样才能在保护孩子纯真天性的基础上，使美术活动成为其一生可持续发展的基础。

55、如何引导孩子以美术的眼光阅读图画书（一）

在20世纪七八十年代之前，孩子一般的图像阅读为"小人书"，也叫连环画。那个时代给低幼儿童阅读的图像文本叫作"看图说话"，这样的图画书籍陪伴了相当多人的成长（见图55-1—图55-3）。在中国美术家协会，原本设有一个连环画艺术委员会，很多著名画家创作了颇具艺术水准的连环画作品。当然，专职连环画画家的作品更有影响力。例如，早年著名漫画家张乐平的《三毛流浪记》，其出版形式也属于连环画。当年，人民美术出版社有一本非常著名的期刊《连环画报》。可以说，在20世纪，连环画（小人书）承担了国人视觉审美培育的任务。相信如今许多将近不惑之年的成年人，基本上都有过看"小人书"的生活经验（经历）。

图 55-1

图 55-2

图 55-3

被称为"小人书"的连环画，如今已经不再流行，但是，这些连环画今天成为了收藏品而变得炙手可热。当年出版这些连环画的几大美术出版社，近些年又依靠翻新，重新出版大开本、珍藏本等方式，让这些老的"小人书"重新焕发光彩。可以说，靠图像传达进行文化信息的传播，在我们国家是有传统的根基的。例如，流行多年的"漫画热"，包括几米、蔡志忠等我国台湾地区的漫画家，让许多年轻朋友爱不释手。这样的现象就是依据视觉图像传达的方式，进行文化与信息传播。

以前人们不太知道"绘本"这个词，比较熟悉的词语是"小人书"，也叫连环画。连环画是用多幅画面连续叙述一个故事或事件发展过程的绘画形式。中国古代的故事壁画、故事画卷、小说戏曲中的"全相"等，都具有连环画的性质。而我国统称的连环画，兴起于20世纪初叶的上海，根据文学作品、故事或取材于现实生活，编成简明的文字脚本，再绘制画幅、印刷、装订成为连环画。

如今图画书又被称为绘本，绘本一词源于日本，对应的英文是"picture book"，专指为儿童创作的一种图书形式。绘本作为现代社会一种流行的儿童读物，以综合性艺术形式呈现给孩子，用图画与文字共同叙述一个完整的故事。世界各国大部分绘本的创作与出版，都将儿童预设为主要读者，反映和表现儿童的生活与心理，追求内容形式的儿童化，令绘本普遍具有鲜明的儿童性。许多绘本的人物塑造、故事情节铺陈、结构安排、构图、版式及装帧设计，充分地考虑了不同年龄段儿童的视知觉接受水平和阅读趣味。各国绘本创作者均从儿童的欣赏角度出发，将拟人、夸张、对比、循环反复等作为基本艺术元素，形成绘本作品图文的主体框架和表现形式。

绘本作品中，图画是图书的生命，不是文字的附庸，甚至有很多绘本是一个字也没有的无字书。绘本特别强调画面的连贯性，在规定的几十页内，画面要形成一个连续的视觉映像。这些都与连环画的艺术形式趋同。

近年来，关于绘本对儿童发展的重要性研究，已经涌现出很多成果，这方面研究卓有成效的当属我国台湾地区学者郑明进先生。郑明进先生在运用绘本进行美术教育方面，有着丰富的经验，近年来他的许多作品也被大陆引进出版，影响了很多孩子的视觉审美，图55-4为郑明进先生的作品"青林

给幼儿教师和家长的81条美术教育建议

儿童艺术宝盒"系列绘本的封面。

对于绘本在儿童成长教育中的功能，目前形成的共识为：有助于提高儿童的语言表达能力，有助于促进儿童品格的健康发展，有助于儿童形成图像思维方式，有助于培养儿童的美感和审美能力。世界各国的经典绘本，都是由著名艺术家、了解儿童心理的美术家绘制创作的图画，他们出色地运用绘画技巧，呈现优美的图画（画面的形式美感），诠释了生动的故事，传递了共同的价值取向。

图 55-4

绘本以色彩、线条、形态、构图等，结合语言、韵律和故事情节的美感，共同构成图像传达的视觉文本。图像能传达文字无法完全表述的信息。在儿童成长中，使用经典绘本教育孩子，由感知绘本图像之后的视觉思维开始，带领孩子进入感悟图像过程的文学理解，并逐步养成阅读的习惯，这将为孩子一生的学习奠定基础。

从美术学科的角度来说，阅读图画书，激发了孩子本身的视觉想象力和对形态造型、色彩感知运用转换的创造力，在童年这个神奇的生长阶段，欣赏绘本，可以引导孩子大量记忆富于美感的视觉图像（绘本画面），同时，唤起孩子的回忆，深化对绘本图像（传达）内容的理解。在内化吸收中，这些具有美感的图像记忆，会和孩子形象思维中的想象整合，激发孩子潜在的创造力。

美术实操篇

56. 如何引导孩子以美术的眼光阅读图画书（二）

在阅读绘本过程中，具有美感的绘本图像及寓意，可以极大地刺激和丰富孩子的想象力。因为，儿童的想象力不是与生俱来的，而是通过直接或间接的视知觉体验获得的，视觉图像的体验越丰富，想象力就会越丰富。传统学前教育多为文字思考、语言思考，对图像思考的引导性不足。而绘本的视觉观看过程，可以让孩子的思考，以图像引发的联想促进身心的整体知觉。这样的视觉刺激是截然不同的审美教育方式，会影响孩子一生的发展。

案例：绘本《你不能带气球进大都会博物馆》

这是一本没有文字的图画书（见图 56-1），主人公小女孩带着她心爱的黄色大气球和奶奶一起去参观大都会博物馆。可是到了博物馆，管理员却不让她带气球进去。小女孩为了遵守博物馆的规定，只好把心爱的黄气球交给管理员保管，谁知绑在栏杆上的气球却被顽皮的鸽子叼走了，管理员先生连忙去追，于是，黄色的大气球在城市里开始了一场别开生面的旅行。这是一本小朋友必须用眼睛仔细看，用嘴巴发出声音，看图说故事的图画书。

从美术学科本体来讲，《你不能带气球进大都会博物馆》通过画面造"形"，让孩子的

图 56-1

眼睛来感知把握，宇宙万物存在的"形"的构成都归结为点、线、面、体四种基本元素的组合。例如，点是所有复杂形式的最初元素，康定斯基认为点甚至可以延伸为无数的造型，可以是锯齿状的圆，可以是倾向于另一种几何形，甚至可以发展为自由形。

该绘本第一页从画面上方俯瞰大都会博物馆的全景，大都会门口参观的人群、售货的小贩、遛狗的妇人都可以看作不同的点。在指导孩子阅读这本图画书时，父母和教师可以提醒孩子："请把眼睛眯一眯，感受一下画面中会出现什么样的情况？"此刻，画面上的人都聚焦成为无数的点，点与点的大小、彼此相聚的远近都可能产生互动关系。然后引导孩子睁大眼睛仔细瞧一瞧，会发现参观的人群中有的在跟孩子说悄悄话，还有的在打闹……整个画面热闹有趣！这样的阅读欣赏过程，可以让所有参与画面的图像表现因素增加。

作品中黄色大气球到处乱飞，一会儿上了公交车，一会儿到了动物园，惊动了海狗，一会儿又飞到闹市区，闯入了婚礼现场，破坏了饭店的用餐气氛，接着，气球竟然跟着大提琴手登上表演舞台，与那些追来的负责守卫的人们共同演出了一场乱七八糟的戏，最后连大象和演员们都一起坐上小船去追气球。这些画面的细节，孩子都需要在成人的指导下，仔细观赏阅读，品味其中的趣味。

其中有这样一幕：众人在追逐被马车勾住的大气球时，一群人自然地串成了一条动感十足的线。在红色马车后面，是一条平行于地面阴影的线性队伍。而另一幕画面中，追逐气球的众人闯进了正在演出的歌舞剧舞台，措手不及的状况让所有人在舞台上撞成了一团……按照美术的视觉思维，若把舞台上极度混乱

图56-2 波洛克《秋的节奏》

美术实操篇

的场景和人物都简化成线条，画面上自由运动的线此刻变成了波洛克艺术作品《秋的节奏》（见图56-2），这个场景正好与小女孩正在欣赏的大都会博物馆中展出的波洛克作品相对应。

在线条产生的运动中暗示了某种情感的根源，而线条的运动正是以某种方式模仿了情感的动态表现。线条由于较长，容易形成方向感，引导观赏的目光在流转与徘徊。黄色大气球系着的细线不仅聚焦着孩子的目光，而且在不停地变化方向，时而笔挺平直，时而柔软、优雅地进行曲线滑动，非常活泼，充满了丰富的情感。

孩子在阅读这本图画书的时候，经过成人的指导，可以对画面里的点和线展开研究，就可以比较容易地去理解美术造形元素中所承载的绘本形象。例如，在线条的围封空间之后形成面，此刻线条的性质也会加入到面的特性里。又如轮廓线所造成的形象边缘，有不同的棱线的感受，孩子在感受图像时，可以从线条、点的运作技能中，不断自主地进行思维，会感受到以形状来强调不同的视觉效果。

57、如何引导孩子以美术的眼光阅读图画书（三）

孩子在欣赏图画书时，与大人们常用的文字吟诵方式不同，因为，孩子是用自己的"双眼"去阅读"图画"。图画书通常视为是孩子走入阅读世界的第一类视觉接触，对于低龄的孩子来说，图像阅读是他们了解世界的主要方式，即阅读图画书是运用其秉赋于自然的感官与知觉产生共鸣，掌握一种较接近直接生活经验的学习。这样的欣赏阅读方式源自孩子眼睛的直觉，凭借着孩子心灵的力量，对画面事物进行整体性把握。

给幼儿教师和家长的81条美术教育建议

案例：绘本《袋鼠也有妈妈吗？》

图 57-1

绘本《袋鼠也有妈妈吗？》（见图 57-1）有"狮子也有妈妈吗？"这一主题。从作品中可以看到，为了让画面中的狮子更具令人提心吊胆的视觉形象，形态上增加了锯齿状排列的牙齿，其实真实的狮子牙齿大部分是圆形的。该图画书的画家为了增加画面的效果，强调了狮子牙齿形的尖锐感，形成更加恐惧的感觉。在对狮子眼睛进行造型时，将其设计成钻石形，狭长的尖形增添了一种邪恶感。可以设想，假如把狮子钻石形的眼睛形状改成真实眼睛的形状——三角形，可能会出现画面上的狮子看起来有些愚蠢甚至有点快乐的形态。

画家这样强调狮子造型在图像元素中的特性，可以让孩子由内心生发感叹：哦！原来凶猛恐怖的大狮子可以随便让自己的孩子在它的身上玩耍！有妈妈真好！父母和教师需要进行这样的视觉观看与阅读引导，启发孩子感悟图画书作品里的细节。

作者艾瑞·卡尔在创作作品时，先制作各种笔触质感的彩纸作为拼贴的材料，然后根据每个画页的需求，又裁剪出不同的形体，由此，造成在不同的画页中，阅读者会发现似曾相识的色块不断重复出现，但各自又表现了不同形体特征的象征物。

例如，"北极冰雪中的企鹅和他的妈妈"这一主题页里的形态与颜色，在下一页的画面里，变成了天鹅妈妈的眼睛。又如，在"海豚也有妈妈吗？"这个小主题中，画面上方的狐狸妈妈形象和孩子的绿色地平面，由于要在下一页中制造出一些波纹，因而就有了水面形态的暗示，成为了类似而

简明的小波纹形状，也就是可以辨识为海波荡漾的视觉形态的象征。还有，在"绵羊也有妈妈吗？"这个主题里，绵羊妈妈脚下的草地向外放射出矩状、齿状、三角状的色块，在草地中也充满散开的缤纷色块，形成充满形的动势这样的画面效果。这也暗示了绵羊妈妈和小绵羊欢喜的心情，母子相互依偎，小绵羊的头紧紧靠在绵羊妈妈软绵绵的身子上，绵羊妈妈爱抚的眼神，小绵羊翘起的小腿使整个画面充满了温暖、和煦的感觉。

与此相对应，最末页中拥有同样缤纷的色块，这页里的色块是平稳相叠的长方形，画面密合而无其他缝隙，呈现出稳定静止的状态，代表着故事的剧终。这样对画面进行分析，需要父母和教师事先学习，把握绘本（图画书）中的美术表现形式美感与故事内容如何吻合的要素之后，再传达给孩子，在视觉审美的引导下看图画书，孩子的审美素养会逐渐提升。

直觉感悟的特点是形象的，图画书用以表现作者直觉感受的东西，只能是画面中的意象性，并且具有独特性。从孩子视觉美感教育的角度来思考，阅读图像比文字更接近具体实像的特质，以图像为主体的图画书，提供了培养孩子的视觉美感的最佳选择。从美术学科本体角度讲，类似图画书的所有画面都适合美术表现性学习，都可以作为表现学习的欣赏素材。而且，孩子天性本身也喜欢动物。

58. 如何引导孩子以美术的眼光阅读图画书（四）

图画书最大的特点是用一系列连贯的图画，组成一个完整的故事，以图为主，图文结合。欣赏阅读图画书，可以培养儿童良好的图像概念，提高思考的连贯性，丰富视觉形象的想象力。例如，瑞士画家莫尼克·弗利克斯的代表作《无字书》系列作品中，没有一个文字，生动表现了聪明可爱的小老鼠独特的意识和情感世界，画面为孩子提供了无限的想象空间。

无字的图画书以具有"解说性"很强的图画来表达故事，让读者借图像来诠释故事情节。对于孩子来说，欣赏无字图书画，可以参照欣赏中国绘画留白的方式，品味和体会其中的奥妙。从主观视觉上享受无字图画书，用"看"取代"读"，用自己对形象的感觉来理解图画。

父母和教师要引导孩子去感受纯粹画面的视觉元素，体会艺术家创作时如何经营点、线、面构成画面，回归到视觉艺术的本源，感受图画书中特殊的图像叙事方式，独立传达故事主题的魅力，认识图画书是如何运用视觉图像或视觉元素进行表现的。

图画书的美术教育活动，可以作为儿童艺术成长的一种方式。许多著名画家在创作图画书的时候，常常会把许多美术学科知识巧妙地融合在画面当中，但是，一般情况下，父母或教师看不出画家创作时的精妙之处在哪里。我们要借助图画书，培养孩子的审美认知力和判断力，例如，在图画书的欣赏中，如何感受作品中的"色彩感觉"，就是一个很好的切入点。培养孩子的"色彩感觉"，不只让孩子认识纯度很高的颜色，还要引导孩子提升美术表现中的色调敏感度，以及发展孩子对色彩并置的调和感觉。

案例：绘本《颜色的战争》

《颜色的战争》（见图58-1）这本图画书，画家巧妙地把许多色彩知识融合在图画中，将色彩知识与故事相结合，孩子看完故事也逐渐懂得了色彩知识，根本不用成人说教。画面的色彩分析可以这样描述：

脾气温和的蓝色似乎天生就不敢和急脾气的红色叫板，也一点都不喜欢对立色橙色，只有当健康的绿色躺在脚底下的时候，蓝色才感觉到舒展，一点也不担心绿色侵占自己的地盘，因为，绿色本来就是属于蓝色的一部分。

这样的画面阅读，无形中教授了孩子认识、理解冷色系和暖色系的色系知识。很多年轻父母常常给孩子选择色彩鲜艳的图画书，自认为这样是在培养孩子的色彩感觉，其实这些纯度很高的色彩，孩子在2岁多就已经能够掌

握并准确地说出其名称了,但这样的认识和理解仅仅是对颜色的基本认知,还不足以达到较深的色彩感受体验。

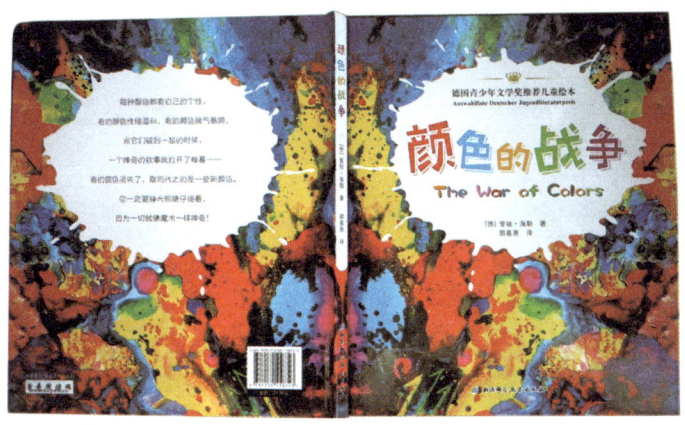

图 58-1

在《颜色的战争》(见图58-1)这本图画书里,画面描述了不同颜色之间互相征占地盘的"争斗",巧妙地说明了混色原理,例如,热辣的红色特别喜欢跟别的颜色比,怕落后于别的颜色,看到黄色抢占蓝色地盘变成绿色后,红色也气势汹汹地要进入蓝色,一不小心红色就没有了,只见到紫色,原来蓝色和红色混合后变成一种新的颜色——紫色。

更让红色惊恐的是,紫色也是蓝色的一部分,最后红色只好灰溜溜地从蓝色中逃了出来。红色这位冒险家,依然不依不饶,看上了安安静静的绿色,要和绿色在一起试试看,然而大家都不敢相信自己的眼睛,明亮的红色和柔和的绿色在一起竟然产生了忧郁的棕色,爱激动的红色不断地尝试,带给孩子不一样的"色彩感觉"。这时,父母和教师可以引导孩子自己拿起画笔,将两种颜色混合在一起试一试,这个体验过程将是最棒的。

其他很多图画书也带给孩子不一样的色彩体验。比如,克雷门·赫德创作的《晚安,月亮》,把红、黄、蓝、绿、紫、橙等强烈的对比色,以面积的大小不同,呈现在一个画面中,使欣赏书的孩子不由自主地需要注意画面的感觉,自发感受到对比色的调和。在田村茂创作的《蚂蚁和西瓜》中,用大面积的红和小面积的绿色形成了色彩的对比和画面的调和。

给幼儿教师和家长的 81 条美术教育建议

图 58-2

图 58-3

还有一本很著名的图画书，叫作《彩色的乌鸦》，把色彩的色相渐变地揉在每幅图画里，非常巧妙地教会孩子紫、红、橙、黄、绿、蓝色彩的渐变，从而认识一些中间色，感受到微妙的色彩变化：同是绿色，有黄绿、翠绿、蓝绿不同的色彩倾向！

图画书的创作者巧运色彩知识，为了让孩子更容易理解色彩，花费了不少心思。《彩色的乌鸦》这本图画书 2003 年作为一个学习主题，收入国家基础教育课程改革《艺术》小学 3 年级的教科书里（见图 58-2、图 58-3）。可见，培养孩子的"色彩感觉"，需要通过潜移默化的影响，在孩子的成长中逐渐形成对颜色的敏锐感觉和色彩的审美观。

59. 如何引导孩子以美术的眼光阅读图画书（五）

绘画不仅是一种自我情感的抒发，也是将日常生活中的观察与记忆主动记录下来的方式。比如，孩子利用和爸爸妈妈出行的机会，就可以创作出一

幅图画书作品。

孩子在创作中,可以不拘泥于固定的某种绘画技法或表现媒材。技法上可以采用渲染、拓印、拼贴、重叠、平涂等多种方式,也可以尝试将纸材、木材、颜料、线材等不同媒材综合起来表现。具体表现的过程并不是要画出真实生活中的场景,而是通过图画书的创作,表达自己感受旅行的心思或小小的梦想。再如,可以使用随身携带的圆珠笔、签字笔、水性笔、蜡笔,用来选择表现不同的对象。

父母和教师可以专门给孩子欣赏郑明进爷爷的《乌龟娶亲》,他用红葡萄做成的圆形印,蘸上红染料,盖印出画中40多张喜庆的桌子,表现出精彩的富有创意的画面。可见只要有创造性思维,孩子身边随处可见的材料都可以应用在自己的图画书表现当中。

案例:绘本《请到我的家乡来》《我的家乡真美丽》

郑明进爷爷将自己的旅行制作成了图画书,他将旅途中对各个国家的印象画下来,再加以自己的想象,创作完成了图画书《请到我的家乡来》《我的家乡真美丽》。

《请到我的家乡来》(见图59-1)这本图画书呈现了多样的内容,融合了各种视觉艺术的表现形式,由此看出,图画书的审美与表现教学,对于儿童的美感认知与艺术学习有启蒙的功效。尤其是经典图画书的艺术特质,幼儿教师可以采用美术鉴赏教学模式,进行图画的审美学习,配合孩子自身创作的经验,有助于拓展孩子对多元文化的理解和学习,了解艺术风格的多样性。

图59-1

案例：绘本《好多漩涡转呀转》

这是郑明进爷爷翻译的艺术家作品系列图画书的一本，本书内容为画家梵高的作品（绘本封面见图55-4）。教师可以直接按照书中的图画与歌谣式的文本，展开实际的美术欣赏活动。年轻父母也可以亲自带着孩子，在朗读这些文字与欣赏画面的过程中，感悟画家梵高的作品。例如，"有好朋友要来住，我送什么礼物给他呢？插一束向日葵吧，阿尔这个地方有好多好多的向日葵啊！"

图59-2梵高的《向日葵》是幼儿园到高中所有阶段美术教学里出现频率最高的一幅作品。如何引导欣赏，考验着美术教师的素养。这个绘本中的描述语将作品画面中的学科要素、构成画面的原理等都分析得很到位，同时，又深刻解析了作品蕴含的意义。

描述与画面欣赏结合在一起进行表达，由教师或者父母口述出来，同时引导孩子看画面，孩子对于作品的理解和感悟就会特别深刻。2008年，笔者亲自为福建高等幼儿师范专科学校幼儿园4岁的孩子们上这一主题的美术欣赏活动课，参照了这个绘本中的描述语言进行教学，现场几百名幼儿教师观摩，学习了这本图画书在学前儿童美术活动中如何应用的范例。

图59-2　梵高《向日葵》

国内外著名的作家和画家创作的经典图画书，其角色造型、场面设计、绘画语言的运用，以及出色的创意、联想、幽默的表现手法，丰富的人文精神，都蕴藏着太多可借鉴的优秀美术资源。这些图画书的作者来自世界各

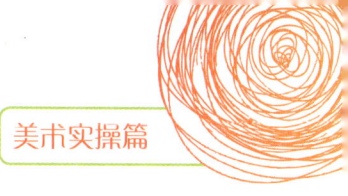

美术实操篇

国,代表了不同国家的文化,在图画书上有着迥异的表现技法与风格,充分利用这些优秀的美术资源,从优秀的图画书中挖掘出美术知识,进行欣赏教学,激发孩子的学习兴趣,更好地理解艺术风格,可以为孩子的审美成长,为孩子感受图像语言,提供最好的平台。引导孩子在愉快的阅读、欣赏中,启发他们感知世界文化的多样性,了解不同国家文化的独特性。

60、如何引导孩子创作图画书

新西兰图书研究专家多罗西·怀特在《关于孩子们的书》中曾这样说:"一个孩子从图画书中体会到多少快乐,将决定他一生是否喜欢读书。儿童时代的感受,也将影响他长大成人以后的想象力……"孩子是最喜欢看书的。图画书不仅仅是给儿童看的读物,也是儿童文学与儿童美术结合中相当重要的一环。

孩子阅读、欣赏图画书不仅仅是在积累某些知识,父母参与陪读才是孩子最大的幸福。父母除了要为孩子购买经典的图画书之外,还要懂得如何利用图画书,发挥其最大的价值,从小陶冶孩子审美的眼光。

幼儿教师则需要运用图画书,在常态的教育实践中进行审美活动,每个孩子都有个人的生活经验,在阅读图画书的过程中,穿插引导孩子创作自己生活故事的绘本。创作绘本不但可以锻炼孩子的写作能力、绘画能力,审美能力,还可以锻炼孩子的编辑与导演(利用画自己的生活故事创编活动剧)等逻辑思维能力。更重要的是,这些综合艺术活动对于孩子来说,是一种自我的表达与释放。单纯画故事的过程是孩子想象与表达的一种载体,是孩子通过"画的语言"表达"说的语言"的方式。

当下出版界已经推出的图画书,其创作手法多样,除了各种常见的绘画方式外，还有剪纸、水彩、油画、综合材料等各种表现形式，图画书已经成为一种"综合艺术形式"荟萃的艺术作品，就其本身来说，具有很高的视觉审美价值。

在儿童期有意识地让儿童观赏、阅读这些优美的图画书，可以培养孩子的色彩感知能力、形象塑造方式、构图表现等美术学科的表现方法，帮助孩子积累美感经验。同时，图画书的欣赏和表达，能够激发孩子创造美、创造生活、感受视觉造物转换过程的热情，例如，孩子自己画绘本的活动，可以帮助他们在步入艺术殿堂的体验中，引导孩子体会和尝试多种绘画技巧表现的丰富性。又如，孩子可以凭借不同的媒介，感受图画书多样的表现技法，铅笔、彩色水笔、油画棒、版画、水彩、水粉、油画，还有各种纸材的拼贴以及电脑制作等，都可以让孩子尝试。

另外，图画书的多样化表现，成为学前儿童美术教学丰富的资源宝库。例如，一本完整的图画书包括：封面、环衬、扉页和封底，各有其相应的作用，教师在引导孩子进行图画书创作中，是否也需要提出这样的要求，引导孩子讲究创作的完整性呢？如果需要整体实施学前儿童美术活动，应该如何引导孩子去表现这些不属于故事本身的画面或者形式呢？这些都需要幼儿教师思考。

儿童的年龄特征和能力决定了他们不可能像图画书艺术家那样专业地表现一个故事。但是，对于孩子来说，自己画出、表现出的图画书是否有环衬或扉页并不重要，重要的是孩子在创作体验的过程中，能够将自我的意识和想法大胆地通过创作表现出来。当然，在幼儿积累了大量关于图画书概念的时候，当他们开始关注到一本书的完整性或关注到书的环衬、扉页等内容的时候，教师应适当地介入这些内容与形式的表现指导。在幼儿有需求时，要及时给予指导，让孩子在这样的综合活动中终身受益。

美术实操篇

61. 孩子需要在美术活动中接触哪些材料（一）

幼儿美术活动的起步来自其涂鸦活动。从这个角度讲，绘画活动是伴随孩子生命成长的游戏。除了绘画活动外，父母和教师还需要为孩子准备其他材料和工具进行美术活动。

孩子来到这个丰富的生活世界后，任何事物都是新鲜的。美术，是一种视觉造物转换的创造性实践，创作时的不同媒材，成为美术视觉造物转换表现的重要载体。幼儿在美术活动中广泛接触不同的媒材，对于直接体验生活世界的丰富性，感受创造生活的乐趣，具有其他学科无法替代的作用。

美术是与人们的生活联系最为密切的一个学科。但是，在生活中人们往往在享受着美术（设计）带来的恩惠，却很少在享受的同时，感受并思考艺术创造的思维与方法。幼儿艺术创造潜能的开启，需要父母、教师多方面为孩子提供安全、容易找到、适合其自身能力操作的各类材料，作为孩子认识社会生活，认识自我，表现自我以及感悟创造乐趣的媒介。

此外，大千世界中的一切人造物与自然物都与艺术息息相关。几乎所有的人造物都带有艺术的痕迹，可以说都是人主动设计后的产物。无论我们的衣食住行，还是整个社会生活的各个方面全部包含着设计、创造的元素。这告诉我们，人类在自己的生存、发展的历史长河中，从造物的开始，就孕育着设计的因素。而设计与创造的落实，必然与材料的使用和不断更新联系在一起。

孩子的小手、上肢肌肉与骨骼在绘画活动中已经得到一定的锻炼。但是，这还远远不够，在学前期的整个成长过程中，需要为孩子准备更加充分的材料与工具，让其在触摸与把握各类材料与工具的过程中，体验动手的快乐。

仅仅就绘画活动来说，各类笔的接触、使用、把握就非常重要。例如，不同类型的签字笔、记号笔等，这属于硬笔范围的工具；彩色铅笔、普通铅笔和各种型号的绘图铅笔，以及不同粗细的签字笔、马克笔都属于硬笔范畴的工具。表现效果如何，孩子在体验中会生发自己的感觉。

毛笔，是中国美术特有的工具，这些绘画工具需要让孩子多多体验，配上宣纸，引导孩子体会水墨游戏的快乐。西方绘画中的油画笔、水粉笔、水彩毛笔等，这些工具也应该为孩子准备，让他们在表现色彩的活动中，体会这类工具的表现性能，感受色彩的意味。油画棒（蜡笔）、色粉笔等也是孩子常用的工具，这些都应该提供给孩子去体验和表现，丰富其感受材料的视觉经验。

62. 孩子需要在美术活动中接触哪些材料（二）

除了绘画活动之外的工具、材料之外，孩子可以在美术活动中接触的材料还有纸材、线材、泥材、木材以及其他综合材料。

第一，纸材是最丰富的材料。例如，把旧报纸卷起来，可以制作成纸笔，蘸墨汁、墨色、颜料等进行表现。又如，皱纹纸是幼儿园美术活动最常用的材料之一。这类纸的质地柔软，表现性能很强，特别适合孩子使用。如果用餐巾纸甚至卷筒的卫生纸代替皱纹纸表现，也能够设计出相当多有意思的美术活动。

纸材中有一类非常重要的来源材料，即印刷书籍、画册的边角料。在珠海南色儿童美术活动基地，已经在使用印刷边角料，为学前儿童美术活动提供了丰富的经验（见图62-1、图62-2）。

第二，木材是需要孩子必须体验的材料。在幼儿园的美术活动中，要安排孩子学习、感受锯木头的活动。最直接、方便的做法是，购置室内装修用

的木条，事先锯成一定长短的规格，然后用台钳夹牢，安排孩子用手工锯子进行锯木头的活动。这样感受材料的活动，可以让孩子的肌肉、骨骼精细度得以逐步改善，可以锻炼孩子耐心、细致的工作态度。

第三，绳材的来源丰富，生活中有各种不同质地的绳材。无论麻绳、棉绳、塑料绳，还是电线材料等，都可以让孩子体验。既可以采用绳材缠绕摆放的活动，也可以学习绳材编织的方法。

第四，废旧材料，以纸盒、纸箱板等居多。学前美术活动中使用这样的废旧材料，不仅可以渗透废物利用的思想，同时，可以引发孩子创造性思维的开启。

图62-3是用废旧纸箱板进行美术表现的作品。还可以将牛奶包装（盒）箱的一面剪下，在没有印刷包装图案的一面，用水粉颜料按照自己的想法涂抹，然后用美工刀直接刻撕要表现的形态，形成最终的表现效果。

图 62-1

图 62-2

图 62-3

第五，自然界材料。树叶（落叶）、树枝（干枝）、草类植物（例如稻草、麦秸）等都是适合孩子进行视觉造物的材料（见图62-4—图62-6）。这些需要父母以及教师有发现的眼光，应用好自然界的材料。

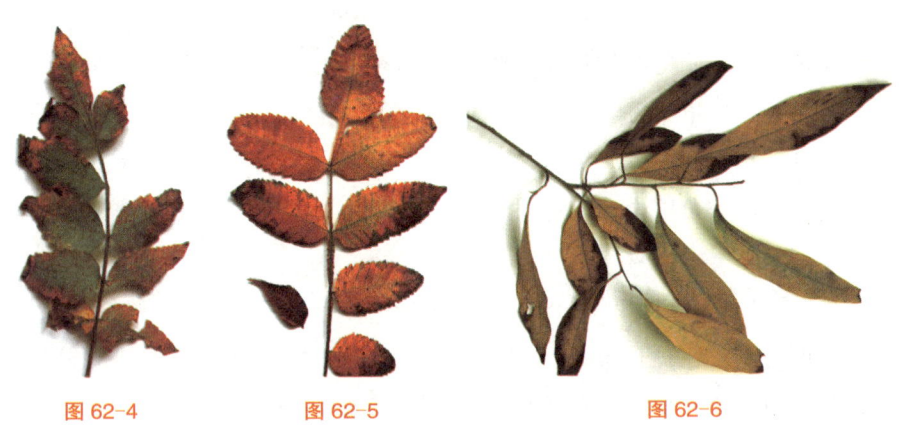

图62-4　　　　　　图62-5　　　　　　　　图62-6

材料的种类非常多，适合学前幼儿安全使用的材料也非常丰富。父母与教师要在保证孩子安全的前提下，尽量提供多类型的材料、工具，让孩子体验。只有多接触、多感受各类工具、材料的特性，才能打开孩子的思维，从而为他们创造性思维的开启提供一个良好的平台。

另外，多种材料的运用，对于学前儿童来说，最直接的好处是锻炼孩子小手、上肢乃至整个身体骨骼、肌肉的精细度。整个身体的运动功能与大脑的思维结合为一体，孩子上肢与身体的协调性得以发展，身体的力量也在逐步提高。在保证安全的前提下，接触多样材料的活动，可以令孩子直接体悟到使用不同材料进行美术创造的快乐，感受探究媒材过程的兴奋。孩子在接触材料的过程中，逐步领悟到一个非常重要的道理：美术的力量——改变世界的眼光、思维方式、创造方法。

63. 如何引导孩子运用纸材（一）

纸材是日常生活里最容易找到的材料。在幼儿园的美术活动中，常用的美术表现性纸材一般多以皱纹纸作为基本材料，以塑造、摆放、粘贴的方式进行造型表现。另外，彩色纸作为直接进行美术造型活动的材料，分为不同定量（俗称克数）（克数的多少，决定了纸材的厚度与质地）的彩色纸或色卡纸。这一纸材也是幼儿园美术活动里必备的材料。除去这些纸材，废旧报纸也是幼儿园美术活动中，教师常常运用的材料。将废旧报纸卷、折、撕、揉皱再打开等，可以实施不同的美术表现。

在20世纪90年代中后期，珠海南色儿童美术活动基地诞生，张笑老师首次批量地将印刷厂里裁切书籍、画报、刊物等印刷品的下角料，整体运用于学前儿童美术活动中。在珠海南色儿童美术活动基地里，用这样的材料进行美术表现，成为一种普遍的形式。随着学前儿童美术活动的发展，全国相当多的幼儿园都到珠海南色儿童美术活动基地参观学习，运用这类纸材进行美术表现活动的方式，也在逐步传播和普及。

具体到不同年龄段幼儿对某类纸材的造型表现，可以分为几个层面的练习活动。首先是撕纸。对于1—2岁多的孩子来说，父母在家庭生活里可以为孩子提供一些质地较松软的废纸，令其自由、随意地撕与玩。这个过程第一可以锻炼小手、上肢的骨骼、肌肉的精细度，力量感；第二可以引导孩子发现撕出的形态。需要注意的是，不能强行告诉孩子，他撕出的就"是"某某形态，这个过程仅仅是培育一种视觉造型的意象感。

对于3岁左右以及4—5岁的孩子来说，撕纸活动需要具有课程化、体系化的状态，即幼儿教师要将撕纸活动的表现形式、方法、过程，按照活动课程编制，以逐步推进的方式来引导孩子感悟、体验纸材的造型活动。注意，纸材造型活动一定要与孩子自身习惯的绘画活动相结合，使其在思维过程中，逐步认识到视觉造物转换的美术活动，是在对不同材料的感悟中实现的。具体的操作可分为：

第一，撕纸拼贴（形态、大小、色彩、质地、肌理的辨别运用、认识和理解画面构成形式）。这一活动要结合美术作品欣赏，引发孩子的视觉感受，再转化为造物形式的活动。例如，马赛克镶嵌是美术史上一种美术作品表现的形式，由欣赏入手，引导孩子将不同纸材的纸撕成碎片，辅以色彩的归类与搭配，再进行拼贴造型（见图 63-1）。又如，印象派的点彩表现，可以引导孩子利用宣传品的纸张，撕出不同颜色类型的纸片，再转换为某个局部的点彩的拼贴。

第二，撕纸塑造（形态的理解与认识、正负形的转换与构成）。这类活动需要从不同年龄段孩子的身心发展能力出发，安排系列的活动课程。例如，利用普通的白纸（60 克/米^2 以下较薄的纸）或者是牛皮纸（包装纸），随意撕出形态，再拼贴造型。这样的方式需要教师对孩子在形态的理解上有意象性的引导。又如，利用商品广告纸、彩色报纸等废旧纸张，引导孩子选择某彩色部分，撕出相应的造型，再进行拼贴与塑造，这样的活动主要是启发孩子构成画面的整体能力。

图 63-1

图 63-2

图 63-3

图 63-2 这幅作品中的人物看上去很不起眼,画面好像也有点脏乱,但这就是孩子个人生动的感悟与表现。图 63-3 是一幅小学生的撕纸作品,可以看出,这样的表现形式随着孩子年龄的逐渐增大,小手肌肉与骨骼生长比较成熟的时候,对纸的控制力也在增强,作品的韵味感自然也就更强。

第三,镂空撕、刻纸。这类活动可以与民间剪纸的欣赏感悟学习紧密整合在一起。教师不能按照以往的习惯,示范一幅撕纸图形,孩子临摹教师的图形这样的程序实施活动。而要以民间剪纸中经典的作品欣赏,作为启发孩子感悟民间剪纸审美魅力为第一要旨。孩子在感悟民间剪纸造型的基础上,教师利用较薄的红纸或其他色纸(染色后的宣纸等),启发孩子进行局部的镂空撕纸练习。先由如何折纸进入,然后,用小手在纸面折曲部位撕出不同的局部形态,如圆形纹、叶形纹、长短条形纹等。局部练习之后,再引导孩子进行整幅作品的表现活动。

图 63-4 和图 63-5 这两幅作品都是幼儿园大班孩子的镂空刻纸创造。孩子创作时按照自己的理解,表现景物与人物,特别是图 63-5 这幅人物作品《妈妈与孩子》,画面中的情境有生活气息,而且,镂空表现技法上,孩子知道线条塑造形态的时候需要"断开",以保证刻出的形不会在整个纸张上脱节。这幅镂刻作品用了三种色纸,形成了丰富的画面感。

图 63-4

图 63-5

给幼儿教师和家长的81条美术教育建议

64. 如何引导孩子运用纸材（二）

幼儿在感悟纸材表现的时候，折纸塑造、卷纸造型要同时与拼贴纸造型、剪贴纸造型等表现形式结合为一体，形成对纸材的多方位理解。

（1）折纸造型

折纸造型是我国学前儿童美术活动中传统的方式。早在20世纪60年代到80年代，折纸造型的图书已经出版了不少，在实际的幼儿园教学活动中，折纸活动也是幼儿教师经常运用的方式。以往在幼儿园活动中，折纸造型大都以单独造型为主，组合构成形态并不多。

案例1：单个折纸的累积造型

以单个折纸的累积造型为基础，孩子集体构成一个整体造型，这样做既可以锻炼孩子的耐心和毅力，同时又可以引导孩子形成合作探究的意识。图64-1—图64-3便表现了单个折纸的累积造型过程。在这样的活动中，幼儿教

图64-1

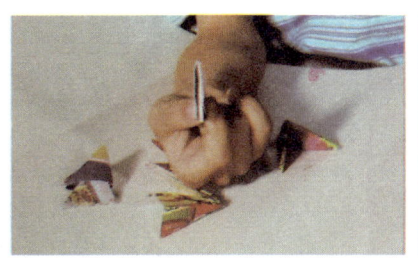

图 64-2

师可以在前期的活动中,安排一个折纸的练习,分别组织孩子完成个人的单个折纸,然后,在专门的时间里,集体共同构成一个整体造型。

(2) 卷纸造型

相比之下,卷纸造型还不太普及。上文提到的珠海南色儿童美术活动基地采用印刷品下角料

图 64-3

实施的卷纸造型活动,并没有在学前儿童美术活动中普及运用,家庭教学里,这样的活动方式更是少见。卷纸造型的方式一般可以在两个操作层面上实施。

其一,印刷品下角料的造型。可以根据这些纸边的宽窄进行卷纸造型,同时,还可以根据不同纸的质地塑造不同的形态,孩子可以在卷纸、折曲、打弯等过程里,体验塑造的快乐。

其二,将废旧报纸、商品广告纸自由卷起来,幼儿教师帮助孩子再将其用胶带纸(双面胶)缠绕,形成不同的形体,再敷上一张纸将外形包装一下,就形成了孩子自己塑造的立体造型(见图 64-4、图 64-5)。任何旧报纸都可以这样造型。幼儿教师可以在大班孩子的美术活动中,将这一表现活动传递给孩子,可以引导其自由联想,大胆创意。

给幼儿教师和家长的 81 条美术教育建议

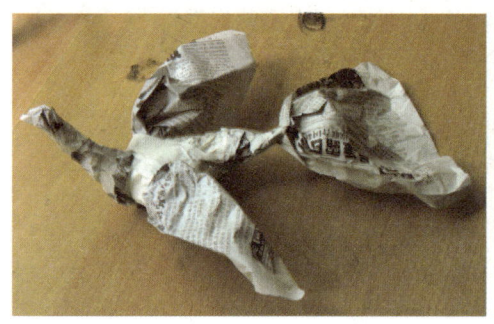
图 64-4

图 64-5

（3）卡纸刻撕表现

早在 1997—1999 年，安徽省合肥市少年宫崔苓老师就在 5 岁的学前儿童中，实施卡纸刻撕表现造型活动，创造出一批精彩的儿童美术作品。其方法的要点是：第一，在保证安全的基础上，发展孩子自己的创意、思考形态及表现。第二，引导孩子以自己的直觉，理解和认识美术主题的造型，发展孩子的创新意识（见图 64-6—图 64-8）。

图 64-6 | 图 64-7
图 64-8

【这三幅作品是由崔苓老师指导的低幼儿童作品，采用的都是不同纸张的自由撕贴，按照主题构成形态，孩子的创意完全是在过程中自然完善的。】

美术实操篇

（4）废旧纸盒、纸板箱的刻制表现

纸材的另外一种运用方式为废旧纸盒、纸箱的拆装、重新设计与描绘，以及再组合的表现。这样的表现方法与方式旨在引导孩子，尝试利用废旧物品的现有造型形态，根据美术欣赏过程的感悟，生发自己的创意和思路，再进行设计与描绘，由此，重新构成新的形态与创造。

案例2：纸箱板刻制与绘画结合

纸箱板的刻制与绘画结合表现，可以在5—6岁大班孩子中实施。这一表现活动可以极大地促进孩子对视觉造物转换表现力的认识与理解。具体操作方法为，首先引导孩子选取废旧纸箱板（大小按照孩子年龄来要求），在教师的启发下，用不同的水粉颜料（混色）涂底，将纸箱板涂成整体底色。根据想要表现的主题，再用刻刀任意在纸箱板上刻划，以自然力度撕出自然形，在反复几次的刻撕过程里，构成个人比较满意的画面（见图64-9、图64-10）。

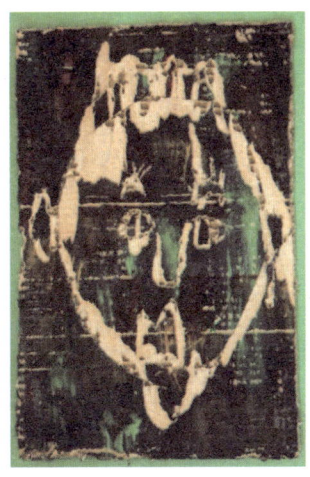

图64-9

图64-10

这两幅人像作品是在旧纸箱板上完成的。由于不能起稿以及运用美工刀的不熟练，自然地形成了作品画面上的粗犷与豪放感，这样的作品更具有孩子表现的天然性。

上述的纸材运用可以帮助幼儿在对材料特性、质感、触感等方面，确立自己视觉审美的意识（眼光与思维方法）。没有经过这样美术活动的孩子，对于美术、美术作品、美术创作表现的认识理解是不完善的。

65、如何引导孩子运用线材

生活中可以用于美术活动的线材有：线绳（棉线、麻线、纤维线绳、草绳等）、各类电线、植物（干枝、草）以及废旧纸箱板切割后的条状纸条等（图65-1，南色儿童美术活动基地用纸卷出的线材）。幼儿教师启发引导孩子对线材特性、质感、触感等方面的特殊感觉和体验，不仅对于其美术能力的发展有着积极的作用，同时，对于孩子身体机能的发展与成长都有重要的作用。

美术活动中幼儿运用线材表现可以分为：理解空间、感受材料、启迪创意三个方面。

图65-1

第一，理解空间。在生活里，一个物体挡住了另一个物体，被挡住的物体的部位会看不见。但是，艺术家在表现这个空间时，会采用一种类似于儿童画中的透明画法，例如毕加索作品《坐在柳条椅上的朵拉·马尔》（见图

65-2）使用了不同方向、不同疏密的直线和曲线，有交叉的、放射的线条，就好像编织物一样。教师手持一根棉线绳或麻线绳，双手不停地翻转，孩子可以发现线条以及线条的重叠现象。教师可以和孩子一起讨论线条相互遮挡的关系、形态和形态重叠的现象等。由此，对物象的相互遮挡与空间构成形成理解。

第二，感受材料。线绳由不同的材质构成，用线绳来造型的时候，棉线与麻线绳由于质地不同，其表现力也不同。如果是电线，区别就更大了，造型时的方法也会不一样。废旧纸箱板上裁切下来的纸条，有一定的厚度与硬度，是不容易折曲造型的。例如，孩子手持棉线绳或麻线绳直接"画"形态，会大呼"奇妙"。又如，孩子如果用线绳编结，那会是什么样子呢？如果换成植物（草），材料的表现力又是另外的感受。图65-3中这样的线材体验性编织活动既是线材的表现，也是对纸材的运用。

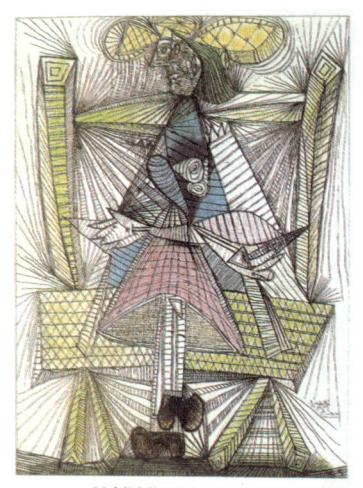

图65-2　毕加索《坐在柳条椅上的朵拉·马尔》

图65-3

第三，启迪创意。当孩子用不同质地的线绳、电线、植物（干枝、草）

以及废旧纸箱板切割后的条状纸条，进行造型表现时，材料本身所呈现出的变化，会引发孩子拓展想象的空间，创意自然会生发出来。

66. 如何引导孩子运用泥材

提到美术活动中的泥材，有人会立刻想到陶艺活动。玩泥，对于孩子来说是最惬意的事情。陶艺可以说是儿童绘画的立体表现。首先，孩子的小手要掌握泥的特性，接着是对泥的塑造，孩子不断玩乐，自然对泥性熟悉，游戏感受之后再开始创作。制作陶艺（玩泥）的过程更贴近孩子的心理特点，因为整个过程孩子始终在动、在玩。

现在玩泥（陶艺）活动已经非常普及，无论是小学还是幼儿园，都有专门的泥塑活动教室。如何引导孩子有深度地运用泥材，进行美术表现，怎样才能使孩子的作品上一个层次？可以尝试如下策略。

策略1：泥材塑造语言的限制与创意

在泥材塑造的表现过程中，创意及设计的体现需要依靠泥巴的基本造型元素。团泥球、搓泥条（图66-1为教师示范捏泥条的过程）、摔（打）泥板是儿童玩泥（陶艺）活动中最常见的基本造型元素。依据这三个基本元素进行单元性设计与综合创造，实施美术活动非常重要。一切艺术创造都有材料、工具、条件的限制性，如何在限制性中进行创意，是不同孩子才情与技巧最精彩的展现。学前儿童美术活动中，教师需要在这方面引导孩子思考。

泥球、泥条、泥板是泥材的三种塑造元素，如果分别设计造型，需要孩子对某个元素的把握有整体性的知觉，建议教师在陶艺（泥塑）教学活动中，按照单元课程整体思考，提出对三个不同元素分别实施系列主题创造的

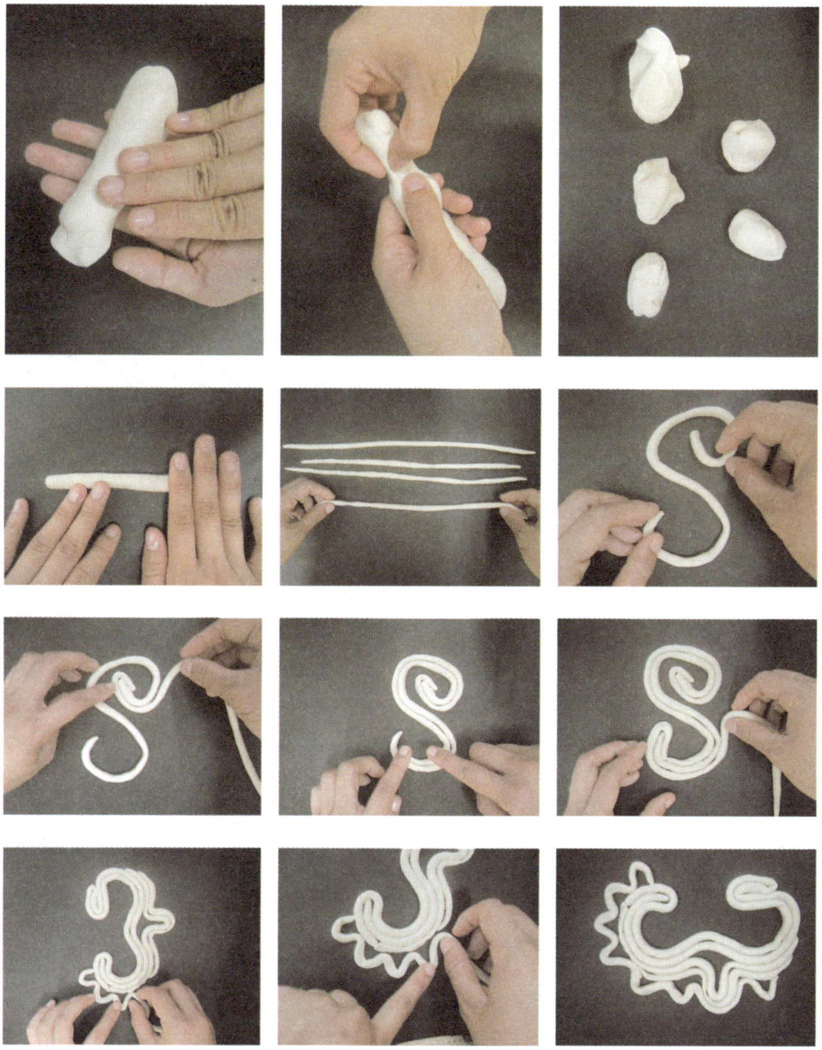

图 66-1

要求。孩子在限制性中能够比较自如地设计并完成创造，将对他们的设计思维培养和创造经验积累有着极好的促进作用。

例如，泥球这个立体物是一个单元的塑造元素，如果将其看成图形的话，泥球就是一个圆的图形，圆形的构成形式可以重复、聚合、发散、渐变等。泥球这个立体的元素，同样可以使用这些构成形式进行新的设计（图66-2 由泥球构成的陶艺作品），教师在教学的时候，整体思路可以由平面的图形构成设计,转化到泥球的构成设计,以此形成系列表现活动。

策略2:造型元素在限制中的变化运用

教师在引导孩子完成了三个不同造型元素,由平面到立体构成的限制性创意练习后,再进行单元主题表现。例如,"童话小屋"这个主题的感悟与表现,此时孩子可以由泥球、泥条、泥板三个造型元素相互组合的变化,设计完成自己的造型。如泥条与泥球的组合变化设计构成,但造型中依旧有各元素的限制性;又如,泥球在整个构成的造型中占据多少比例,泥条又占据多少比例;又如,泥条与泥板的组合变化设计构成;再如,变化设计中的创作主题要求等。这样的练习要成为系列的单元课题,形成一定批量的孩子作品。

图 66-2

在实施、引导孩子完成这两个教学策略要求的活动过程中,教师必须启发孩子,如何使自己的设计(作品)能够既好用、方便,又好看、美观。这是对作品功能和创意的双重要求。

67、锯木头有什么好处

锯木头是当代孩子必须经历的一个身心活动过程。这个过程应该在美术

美术实操篇

活动中综合完成，孩子的手臂、躯干得到运动，双腿力量也会得到增强，而且在积木的造型活动中可以训练空间知觉。

图 67-1　　图 67-2

图 67-3　　图 67-4

锯木头的场所可以安排在美术活动的工作室里。图 67-1—图 67-4 这样的场景是某幼儿园的美术工作室一角，墙壁上悬挂的五金工具、案桌上的台钳，以及堆积在一起的木头块，说明有不少的孩子经历了锯木头的活动。

在幼儿园的儿童美术工作室安排这样的工具、材料（木头块），是一般幼儿园所没有的，旨在为低幼孩子提供动手的机会。我国最早在学前儿童美术活动中，开展这一项目的是珠海南色儿童美术活动基地，随后，全国有很多幼儿园的园长带队到珠海现场学习，并在自己的幼儿园里也布置了类似的设备、工具等，旨在引导孩子都来经历这一活动过程。

今天的孩子，虽说不是"肩不能扛，手不能提"的体弱者，但整体来说，孩子的身体状态不适应社会发展的情况是相当严重的。所以，在幼儿园的美术活动中，安排锯木头的活动应该成为常态的练习过程。在完成了若干次锯木头的活动之后，美术教师可以将其余美术主题活动融合，引导孩子体验视觉造物转换过程的魅力。在本书第69条建议中，案例《红黄蓝的交响》便充分显示了这一点，图67-5便是主题活动《红黄蓝的交响》中，孩子在锯木头之后，为小木头块涂颜色。

图 67-5

孩子通过操作这些可触摸、可变化形状的小木块，提高自己的感知能力，包括看、摸、闻等，并在这个过程中发展空间感以及逻辑思维能力。

案例分析篇

本篇中的学前儿童美术活动设计、实施、教学案例、孩子作业、活动过程图片主要来自教育部人文社会科学研究2012年度规划课题"当代中国的儿童美术教育研究"成果内容。❶ 同时，阐释了如何针对孩子"诗性思维"的特点，渗透中国传统文化主题内容的教学方法。在教学设计、教学过程、儿童美术作品诸方面进行了较为详细的分析，教师可以参照本篇内容举一反三进行教学。

❶ 参阅：李力加，等. 感知与表达：超级美术教师的100堂课（1—8册）[M].济南：山东美术出版社，2014.

给幼儿教师和家长的81条美术教育建议

68. 如何开展图像引导与记忆融合的美术活动

每个人的发展过程都需要积累大量的学习、生活经验。孩子在面对、感受任何新事物时，通过视觉思维与原有生活经验的相互作用（同化），以此逐渐适应环境和自身的变化（顺应），并在不断修正的过程中，达到心理认识上的平衡。

美术活动中运用经典美术作品，介入学前儿童早期的视觉感受经验，解决艺术作品与孩子基本认识之间"有心理距离"的障碍。通过看、听、闻、摸、尝等各种方式，获取视觉、听觉、嗅觉、触觉、味觉等感官经验。在图像引导的基础上，与美术主题文化发生思维碰撞与对话，这是孩子美术活动中认识事物、理解文化的基本方式。

下面结合美术活动案例《彩云飘飘》进行分析。

美术活动案例：《彩云飘飘》

此次美术活动对象为幼儿园小班孩子。在进行本主题活动之前，孩子已经尝试运用水粉颜色的厚涂法（一支笔蘸一种颜料）自主表现，引导其感受画面产生的肌理。在颜色的选择与搭配使用等方面，教师未做过引导。教师在每次主题活动前摆放颜料时，采用对各种颜色稍加搭配，以及数量上控制的方式，以形成作业表现上色彩的倾向性。本主题活动在此基础上让孩子尝试湿画法，体验水色渗透、晕化、淋漓的感觉。

【教学准备与课前安排】

①水粉笔、素描纸、水粉颜料、教学PPT课件。

②教师事先准备8开素描纸（整张纸打湿）、水粉颜料、大号水粉笔等，

摆放在表现活动区域的画案上。

【教学过程】

课堂导入：片片云儿围绕山腰，云儿真是奇妙，有时候像小白兔，有时候像小鸟，围绕山腰，围绕山腰，一片云儿绕山腰，云儿云儿，请你下来，和我们一起玩。

（1）感知与体验

师：今天老师要带领小朋友一起做一个色彩的游戏。现在，请小朋友听一首歌。（播放儿童歌曲《白云》。）请小朋友听一听歌曲里面唱的是什么？

生：听到了小白云。

师：歌曲中说云儿像什么？

生：小鸟。

师：请小朋友拍起小手来，随着音乐一起晃动，想象自己是一朵云，告诉老师云儿是怎样飘动的？

图 68-1

图 68-2

图 68-3

师（呈现生活中云的摄影作品，出示图68-1）：这是什么？

生：像火一样的云。

师：为什么这朵云像火？

生：因为它是红色和黑色的。

师（出示图68-2）：那这还是一朵云吗？

生：不是，好多朵云。

师：那这些云像什么？

生1：像老虎。

生2：像蝴蝶……

给幼儿教师和家长的81条美术教育建议

活动分析：以音乐律动，调动幼儿的兴奋点，将孩子对音乐的内心感受带入美术活动中。幼儿自身的生活经验或者前期教育给予的概念化意识，使其在音乐中感受到"白云"。结合观看云的摄影作品，觉得云朵像"蝴蝶""小鸟"，此刻，活动中美术学科问题的心理匹配，与孩子的个人喜好有关，与孩子的生活经验有关。教师采用探究式学习方法，启发孩子从视觉文本中发现问题，从而萌发对大自然美的感受和体验，丰富其想象力和创造力，引导幼儿学会用心灵去感受和发现美的事物。

小班的孩子，属于直觉行动思维向具体形象思维转化的时期，已经有了明显的思维活动，通过借助自己的动作、活动可以解决问题。从视知觉到画笔中的展现，给幼儿更多的思考与回忆。❶

师（出示图68-3）：现在天空中的云是什么颜色的？

生：蓝色，黄色。

师：现在你觉得云是什么颜色的？还是白色的吗？

生1：红色，蓝色。

生2：黑色。

生3：黄色。

生4：什么颜色的都有。

师：小朋友说得对，云也可以是红色的，也可以是黄色的，可以是五颜六色的。

师：现在呢？云变成了什么颜色？

生：像很大很大的火团一样，现在又变成蓝白色的了。

活动分析：如今的孩子较少接触自然世界，他们的绘画多处于固定概念图形的误导中（如太阳就是圆形、红色的、放光芒图式，白云就是白色的），他们的画中太阳都如出一辙。思维的惰性让孩子不再主动去观察。在美术活动中，教师应该从孩子的角度，引导其视知觉感悟与思维发展。本主题教学活动设计的预设是：云—单一的云—叠加的云—云的形态—云的色彩。

通过自然图片的欣赏观察，从视觉上改变幼儿以往的美感经验，开拓幼儿

❶ 陈孝禅，等. 皮亚杰学说及其发展［M］. 长沙：湖南教育出版社，1983：64.

的审美视野,激发孩子发现美的灵感。在实际欣赏作品的过程中,画面里色彩的冲击力要比形态语言大得多。因此,孩子在当下的感受,很容易将自己所观察到的东西(物象)与生活中的具体形态相对应,例如,产生"像火一样的云""像鸟儿一样的云"这类的回答。

经过片刻的学习之后,幼儿已经开始改变以往对白云的概念印象,对大自然中变化的云有了新的感触,思维进一步打开。此教学活动片段验证了皮亚杰的学说:对认识本质的回答,强调了儿童本身的主动性和能动性,知识不是简单的摹写,必须通过孩子自身的动作和运算才能获得。

(2)欣赏与引导

师:现在我们再看看,有一位画家也喜欢画云,画家眼中的云是怎样的呢?(播放诺尔德的水彩作品图像分解动画步骤图,见图68-4—图68-9)天空中,黄的、蓝的、紫的好丰富呀,云儿映在水面上,连水面也变成了云的颜色。那他是怎么画的呢?

图68-4

图68-5

图68-6

图68-7

图68-8

图68-9

（小朋友猜测。）

师：画家先画了大大的一笔，又在另一边画了一笔，他又觉得那边的太阳被云朵遮住了，又加了一笔紫红色。

活动分析：针对美术作品欣赏，将孩子对自然界云的感受经验链接到画纸上。教师选用艺术家诺尔德的水彩作品，在图像分解与教师解释性引导的双重作用下，力图拉近艺术作品与幼儿视知觉水平的距离。作品图像解构以及PPT动画效果制作的目的是，还原和链接媒材与图像效果的视觉感受，改变孩子原来的观看方式，在视觉上得到新的体验，让孩子更容易感受、了解作品。

没有经历过感知与表达美术课程培育的人总会认为：生活里的物体是什么形态，画面里就应该是这个形态。教师挑选艺术家诺尔德作品的视觉图像进行结构化处理后，引导孩子欣赏，从视觉图像感悟的源头，改善幼儿审视某种形态（云彩）的眼光，在此次主题活动的视觉感受过程中，积累其美感经验。这说明如何选择欣赏主题的作品，与授课教师自身的审美素养、对美术的理解程度有直接关系。

（3）创作与表现

师：今天老师带了一种新发明的纸，是湿湿的，会有神奇的效果，小朋友仔细看（教师指导孩子利用湿画法创作作品，见图68-10）。请所有的小朋友跟老师一起飘到画纸旁边吧，大家选择自己喜欢的颜色，蘸一蘸，压一压，慢慢地画一画，让云儿在你的画面上自由地飘动！

图68-10

图68-11

（小朋友进行创作，见图68-11，小班孩子的作品见图68-12。）

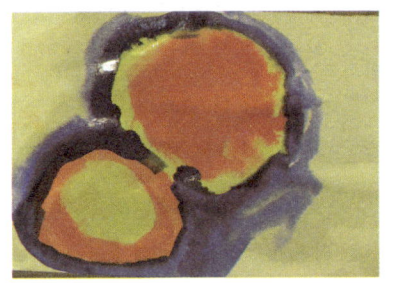 

图 68-12

活动分析：由活动片段实录可以看出，教师对图像引导和记忆融合的美术活动过程给予生动的演绎。在所有的美术主题活动实践中，任何主题都可以采用这种设计与指导思路，在活动方式与方法上，可以运用音乐、律动、动作表演、模仿、视频、实物展示等丰富多样的形式，调动孩子的整体感官，较全面地感受美术作品蕴含的文化意义。

另外，对美术作品实施的图像分解教学设计，根据艺术作品及活动方式的特点，进行不同形式的分解。此方法在美术活动的实践教学中得到充分的应用，孩子的思维以及观察能力都在增强，敢于进行语言、肢体动作等的表达，整体都在提升。

（教学设计：丁志超、姜哲娴，指导与分析：李力加）

给幼儿教师和家长的81条美术教育建议

69、如何深化孩子在美术活动中的视觉感受

在美术活动中，孩子混沌、天真的话语，稚拙的绘画，可笑、搞怪的动作，专注、激动、兴奋的神情……让老师也如孩子一般，在他们之间忘情地穿梭。艺术活动打开了孩子多方面的思维，他们在其中既忘我，又找到自我。在一次活动课间，一个孩子跑来说："老师，你能给我们看《喜羊羊和灰太狼》吗？"于是我便在电脑上搜索，投放到大屏幕上播放，几个孩子不说话了，坐下来观看，连那几个调皮、胡搅蛮缠的孩子都安静了下来。

又有一次，在结束美术活动排队回教室时，一个孩子唱起了凤凰传奇的《荷塘月色》，哼了两句之后，其他孩子也跟着一起唱，最后变成了大合唱，唱完他们才肯罢休。这些小片段让我印象深刻，不禁发出感慨：什么时候我们的艺术教育也能够对孩子有这么大的吸引力就好了。当今时代，人们对美的事物缺乏感受与追求。在倡导感知与表达的学前儿童美术教育活动中，需要强化儿童的视觉感受以及自主表达。

下面结合美术活动案例《红黄蓝的交响》进行分析。

美术活动案例：《红黄蓝的交响》

给木块涂色，运用木块进行格子拼搭，这是两次连续性的美术活动，孩子体验到由平面到立体的空间转换，在拼搭木块中感受形态的大小、均衡等形式美感。从不同的观察视角，带来新的视觉体验，孩子在这个主题的感受体验、自主与合作活动中，思考艺术家的表现，得到思维上的引领。以下为第一次活动的实录与分析。

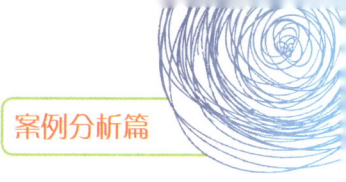

案例分析篇

【教学准备与课前安排】

①废旧纸板箱，小木块，泡沫胶，红、黄、蓝水粉颜料，水粉笔，教学PPT课件。

②教师事先准备废旧纸板箱，小木块，红、黄、蓝水粉颜料，水粉笔，摆放在表现活动区域的画案上。

【教学过程】

（1）感知与体验

师：小朋友们，我们在生活中哪些地方见过格子？请大家说一说。

生1：我见过有小花的格子。

生2：我发现坐的凳子上面有格子。

师：请这位男孩子站起来，给大家找一找，他的身上有没有方格子？

生1：有，衣服上。

生2：我的身上也有格子。

师：今天我给大家带来了生活中发现的格子，请你们来找一找（呈现生活中不同的格子图片）。

①呈现格子布图片（见图69-1）。

生1：彩色的方格子。

生2：有大大小小的格子。

②呈现俯瞰田野图片（见图69-2）。

生1：这绿绿的是草。

师：这是田野。

生2：田里有牛！

师：真棒，那你发现格子了吗？

生3（用手指着屏幕）：好多格子。

师：如果小朋友们有机会跟着爸爸妈妈坐飞机，我们可以看看，从天空中看下来，田野是不是像一个个格子一样的，好吗？

生（点点头）：好。

③呈现房子图片（见图69-3）。

生1：窗户是一个个格子。

生2：房子也是一个个格子。

图 69-1　　　　　　　图 69-2　　　　　　　图 69-3

活动分析：谈话（对话）唤起孩子对生活中格子想象经验的回忆。有的孩子也会在当下进行观察，"我坐的凳子上有格子。"教师从而因势利导，让孩子寻找自己或他人衣服上，以及不同照片中的格子，积累对事物的感知，锻炼其观察能力。孩子跳跃的思维经常会被其他事物吸引，教师要及时进行引导和调整。当孩子积累了充分的视觉经验之后，可以为下面自主进行造物转换活动奠定基础。

师：小朋友们真棒！我们想象一下，飞到天空中，从高处看下来，房子会变成什么形状？谁来猜一猜。

生1：房子看起来会很小。

生2：我有一次坐飞机看到过房子，是正方形的。

师：现在老师就来揭晓答案。大家看，空中俯瞰下来的房子是什么样子？都由哪些形状组成？

④呈现高空俯视大楼的图片（见图69-4）和动画解构图（见图69-5）。

图 69-4　　　　　　　　　　　图 69-5

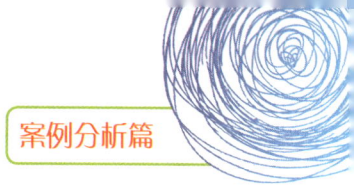

生1：像盒子一样，不同的长方形。

生2：房子像一块块积木一样。

师：你已经联系了自己生活中看到的格子，那么它们都一样吗？

生：这些房子有些高，有些低。

活动分析：在引导孩子欣赏图片的过程中，进行发散思维和启发联想，改变孩子日常的观看视角，让他们试着从天空中往下看楼房，进行想象，再转到俯瞰楼房的图片，这样孩子原先"房子会变小""正方形"的认知概念会得到进一步的提升，"像盒子""像积木"这样的习惯思维，一下子由二维转变成三维的空间感受。盒子、积木是孩子生活中接触较多、较熟悉的媒材，他们对于空间的认识和积累大多是从中获取的。从孩子的回答可以看出，他们现在的感知已经与自身原本的经验相联系，从而产生了新的认识。从生活中不同的视角寻找格子，逐步引向本活动主题。

（2）欣赏与引导

师：有一个画家，他画了一张画，跟我们从空中俯瞰下来的房子一样。我们先来看一看。

①呈现蒙德里安作品《红黄蓝构成》（见图69-6）。

师：你看到了什么？

生1：一些格子。

生2：还有一些颜色。

师：都用了哪些颜色？

生：红色、黄色、蓝色，还有黑色和白色。

师：用最简单的线条以及红黄蓝的颜色，画家蒙德里安画了许多这样的作品。

②呈现蒙德里安多张格子构成的系列作品（见图69-7）。

图69-6　蒙德里安《红黄蓝构成》

图 69-7

师：画家用线条画出了许多不同的格子。今天，老师想请小朋友们帮我出出主意，平时我们幼儿园的小朋友锯了那么多木头。你们觉得用木头可以来表现这样的作品吗？

生1：不行（轻声）。

生2：可以。

师：请你来说一说，你有什么办法？

生：把木头搭在一起（将木头摆在一起进行展示）。

师：格子很大，小木块太小，该怎么办？格子很小，小木块太大该怎么办？

生1：小木块竖起来变成更小的格子。

生2：排在一起可以变成一个大大的格子。

生3（兴奋）：还能把木块叠起来！

（3）创作与表现

师：这几位小朋友想到了这么多的办法，我相信其他小朋友还有不一样的点子。可是，原来的木头都是没有颜色的。

生：我们涂上去。

师：好，那我们先给木头染染颜色吧。

（孩子到活动区进行涂色游戏，孩子的涂色作品见图69-8。）

案例分析篇

活动分析：在与孩子的对话中，教师不断抛出新问题，让其自主探索解决。其中几个孩子在大家面前主动拼摆，促进了同伴间的相互学习，也让不够自信、不知如何解决问题的孩子得到了帮助。亲身的体验感受，促使孩子内心情感与美术作品所表达的生命运动力的模式达到同构，满足其审美情感的需要，产生审美愉悦，增强他们对审美感受的敏感性。❶在孩子涂色的过程中，他们在教师提供的颜色中自主选择各自喜欢的色彩。

图69-8

他们涂色的作品（见图69-8）看似随意安排的组合，在我们看来是既可爱又可笑的，但却体现出孩子天生的秩序感。他们会用自己对于积木的感知体验，运用这些小木块。此时的木块成为可以让其用各种方式摆弄的开放式的构造材料，简单的摆放以及色彩的搭配，也反映出孩子逐渐发展的独特的美感。

❶ 刘宣. 学前儿童美术教育［M］. 北京：中央广播电视大学出版社，2008：21.

（教学设计：姜哲娴，指导与分析：李力加）

给幼儿教师和家长的81条美术教育建议

70. 如何激发孩子在视觉感受基础上自主表达

以下为第二次活动的实录与分析。

（1）欣赏与引导

师：还记得上次美术活动时，小朋友们都做了些什么吗？

生：给木块涂颜色。

师：嗯，我们把平时大家锯下来的小木块都涂上了颜色，那么用这些小木块来做什么呢？

生：搭房子。

师：今天我们学习画家蒙德里安，用这些穿着漂亮颜色的小木块，来制作格子画。

（呈现作品《百老汇的爵士乐》解构图，见图70-1，分步动画演示，配百老汇爵士乐。）

师：这跟上次活动主题里我们看到的格子画很相似呢，可是又有些不一样。今天你想做什么样的呢？（图片欣赏上节课的格子系列作品。）

活动分析：美术作品借助不同的客观形式，其中包括颜料、画笔、纸材、泥材、木材、声音和其他媒介等，表现了艺术家个体对世界的知觉。艺术家对这个世界的认识由个人的感知开始，并由认同自己的这种知觉，来引发某种创作的形式。艺术家不仅将个人的观察及思考传达给了他人，而且，他们是在自己弄清楚问题的基础上，经过反思向我们传达了某种观念。

因此，以美术作品欣赏感悟作为改变儿童视觉思维方法的艺术学习，是在向儿童传递（暗示）这样的思路：通过艺术的学习，将自己看作一个独立的思维实体。通过图像由形状到颜色逐步深入的分解，帮助孩子引发思维的联想。伴随着节奏律动的音乐，图像分解的动画可以不断刺激孩子的好奇心，视觉与听觉感受的过程可以丰富他们的想象力，促进他们对视觉特征的

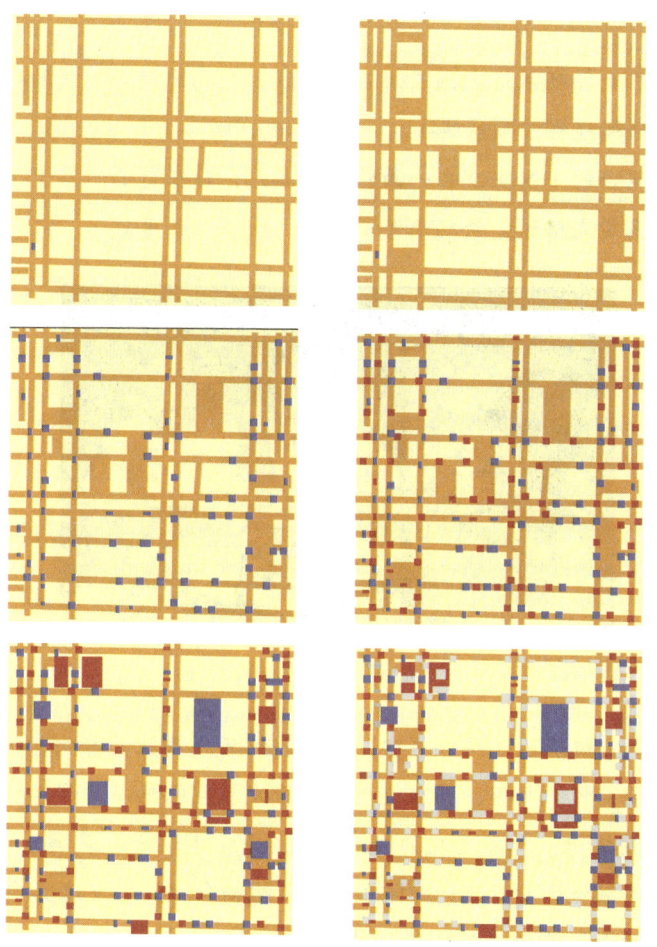

图 70-1

敏感性。就像词汇量必须在口语练习中扩大一样，视觉的敏感性需要在视觉语言中得到发展。❶

（2）创作与表现

师：小朋友们，今天我们 2～3 个小朋友合作完成一幅作品。动动我们的小脑筋，用硬纸板和小木块来创作吧（见图 70-2）。

①我们要先想好小木块的位置以及

❶ 凯特莉. 少儿绘画辅导探索［M］. 刘迎朗, 刘勉怡, 译编. 长沙：湖南美术出版社, 1992：10.

颜色。

②然后在废旧硬纸板上画长短不同的线，分割出大小不同的格子（画密密的竖线，画横线线，画短线）。

③选取适合的小木块，在一面粘上泡沫胶，贴在自己的格子画中。

④排起来变大格子，竖起来变小格子，还能叠起来。

图70-2

活动分析：孩子通过操作这些可触摸、可变化形状的木块，提高了感知能力，包括看、摸、闻等，并在这个过程中发展空间感以及逻辑思维。

赫希和戴提出，积木游戏的发展阶段包括：①运送、装满、倾倒；②最初的搭建；③架空；④围合；⑤样式；⑥为结构命名；⑦重建真实生活的解构。他认为积木搭建的发展阶段与绘画的发展阶段相一致：摆弄、简单的尝试、设计样式、命名，最后接近写实的结构。❶创造力依赖于符号思维的形成，当现实结构与儿童头脑中原有的结构出现不平衡的状态时，他们的思维才能进一步发展。这依赖于认知能力、先前的经验和现在环境之间的碰撞。❷

❶ 尼尔森. 一周又一周：儿童发展记录（第三版）[M]. 叶平枝，孟亭含，等，译. 北京：人民教育出版社，2011：368~369.

❷ 尼尔森. 一周又一周：儿童发展记录（第三版）[M]. 叶平枝，孟亭含，等，译. 北京：人民教育出版社，2011：372.

（3）展示与表达

师：请小朋友们把作品（见图70-3）拼在一起，形成一件大作品，进行展示。

生：这是我们做的高楼大厦。

师：我们现在从上往下看作品，都看

图 70-3

到了什么？大家的作品拼在一起，像什么？（孩子对自己的作品进行表述，见图 70-4。）

生1：像一个房子！

生2：这个不一样（用手指了指）。

师：这个特别吸引人的作品是哪几位小朋友的呢？请你们来跟大家说一说。

生1（跳着上来）：这是一个房子，它有电梯，所以特别高。

生2：因为这些格子搭在一起，我感觉它像高楼一样，然后我就很开心。

师：说得真棒，大家一起给她表扬。下面我们排成一列小火车，围着我们的作品从上面看下去，再来欣赏一遍。

生1：像一个城市！

生2：这是我做的房子。

生3：我看到好多格子一样的房子。

图 70-4

师：大大小小的房子、高高低低的房子，从上面看下去就变成了一个个不同大小的格子。画家蒙德里安就是用这种最简单的形状和颜色，表现自己看到的世界，用自己独到的视角观看和表达自己的世界。生活中还有很多事物和现象，都能让我们联想到蒙德里安的画，请小朋友们回家后换一种视角，尝试着用从上往下看的方法来观察事物，他们变成哪些不一样的形状？给你什么样的感觉？

活动分析："罗恩菲德认为，艺术教育的目标是人在创造的过程中变得更富于想象力，而不管这种创造力将施用于何处。儿童创造力与成人的创造力不同。成人的创造力是指其为社会、文化等方面带来的某种质的变革的能力；而儿童的创造力是指创造出对其个人来说是全新的、前所未有的事物的能力，他们利用物质材料及过去的经验加以重新组合，制作出对其个人来说是新颖的、有价值的美术作品的能力。"❶这种能力不仅在作品中，也在制作的过程中显示出来。

在孩子体验之后，作品的集中展示可以吸引他们的注意力，让其近距离观赏自己的作品，获得自豪感，同时引发对话和交流，让他们重新审视自己的作品，进一步深化理解。如果说在创作作品中，他们还是无意识、无目的、沉浸在自我中的游戏体验，那么现在的他们就像"艺术家"一般在讨论和思考。"这是我们做的高楼大厦。""因为这些格子搭在一起，我感觉它像高楼一样，然后我就很开心。"通过对积木和硬纸板的整合，孩子对艺术的理解逐渐深化，积累了对空间转换的认识，实现了视觉造物转换的亲身体验。

❶ 刘宣. 学前儿童美术教育[M]. 北京：中央广播电视大学出版社，2008：21.

（教学设计：姜哲娴，指导与分析：李力加）

案例分析篇

71. 如何引导孩子文化认同与积累美感经验

艺术承载着人类的情感和思想，艺术可以进行超时空、超种族的体验、交流和共鸣。艺术作品这一载体，可以反映文化制度（社会、政治、道德、经济）和文化观念（信仰、认识论、审美观、伦理观等组成的价值体系）。❶学前儿童美术教育作为教育的起点，要从此阶段开始通过美术作品欣赏，启发孩子对于本民族文化，以及外来文化的兼容和吸收，积累美感经验，形成现代的审美文化观念。

那么，如何引导孩子获得文化认同并积累美感的经验？学前儿童的美术教育是孩子生命本真的活动，他们在游戏中愉快而主动地学习。在孩子主动探索体验美术活动的过程中，教师开放性、指导性的提问以及鼓励，会在赏析中得到孩子积极的、意想不到的回应。随着孩子认知的深入，以及工具材料的接触体验，使其借助某种材料作为语言的表达，从而进行创造表现的转换。

以下结合美术活动案例《百家衣》进行分析。

美术活动案例:《百家衣》

【教学准备与课前安排】

①废旧衣服、废旧布料、剪刀、乳胶、教学 PPT 课件。

②教师事先将彩色废布料裁成小片，准备 10×10 厘米单色底布，准备剪刀、乳胶等工具，摆放在表现活动区域的画案上。

【教学过程】

课堂导入：圆圆的，圆圆的圆形，圆

❶ 刘宣. 学前儿童美术教育[M].北京：中央广播电视大学出版社，2008：23.

形真好玩；尖尖的，尖尖的三角形，三角形真好玩；方方的，方方的方形，方形真好玩。（歌曲《形状歌》。）

（1）感知与体验

师：小朋友，圆形、三角形和方形是我们最常见的三种形状，看到它们，你会想起什么呢（见图71-1）？

①听音乐举牌子：音乐响起，听到三角形，手里拿有三角形的小朋友举起牌子，依此类推。

②剪一剪：请你用废纸片剪出三角形、圆形、方形，你会吗？

生：会。（孩子用废纸剪，并向老师展示。）

③摆一摆：用同样的形状来组成一个图像，你会怎么摆？不同的形状又可以怎么摆？

生1：用三角形一上一下叠在一起。

生2：用三角形组成一个梯形。

生3：用三角形围成一个中空的圆形。

（教师展示几种组合形式，见图71-2。）

图71-1

图71-2

活动分析：美术活动中采用听音乐旋律举牌的方式，旨在调动孩子的愉悦性，同时，锻炼他们即刻的反应能力。熟悉基本形状，学会剪基本形状并

案例分析篇

进行组合摆放。从纯粹的探索到偶然的发现,然后到有意识的表现,孩子主动探索形状的规律,产生新的体验和认识。

(2)欣赏与引导

①呈现百家衣图片(见图71-3)。

师:请小朋友们用小眼睛来看一看,你有什么发现?

生1:这是一件衣服。

生2:我不喜欢,真难看。

生3:它有很多三角形。

生4:这件衣服是五颜六色的。

师:这件衣服上布满了大大小小的几何形,它们又组合成了新的形状。

②呈现分解图(见图71-4),你们看发生了什么变化?相同色块的三角形布料,围着圆形转起圈。

图71-3

师:不同大小的三角形又发生了什么变化?

图71-4

生1：圆圈的外面围了一圈三角形。（比画着三角形的手势。）

生2：圆圈的里面也有三角形。（比画着圆圈的手势。）

生3：它的外面用四个大的三角形围起来，不是圆的了，是正方形。

生4：大的三角形里面还有小的三角形，很漂亮。

师：小朋友们都很厉害，发现了百家衣的秘密。这么美丽复杂的图案，原来就是用最简单的三角形和圆形组合来完成的。（教孩子学唱童谣。）

我有一件百家衣，

图案真美丽，

上面长满花盘盘，

一朵两朵三四朵，

多得我也数不清；

我有一件百家衣，

颜色真艳丽，

红的蓝的紫的，

每天穿着真开心；

我有一件百家衣，

各种碎布拼一起，

方形圆形三角形，

拼成各种图形；

我有一件百家衣，

你问它从哪里来？

多亏妈妈的巧手哩！

活动分析：3—4岁的孩子可能过着很富裕的生活，使其对"百家衣"（民间美术作品）的视觉感受过程会产生抵触心理，孩子的这种赏析回应再正常不过。因为在他们的文化积淀里，尚未获得这方面基本的视觉感应。再加上目前年轻的妈妈们基本不会做女红（包括织毛衣等），因此，孩子在接受生活图像的过程里，对民间美术作品并没有多少视觉敏感度。源于民间生活中的百家衣，对于现在的孩子来说是陌生而有距离感的。

教师通过对"三角形"这一熟悉的美术基本形，对百家衣进行图像分解、重构图式，组合后刺激孩子的眼睛，对其产生某种感觉，引导其对老祖宗的生活审美产生基本的认同。虽然在短短的欣赏活动中，教师并没有深入解析，但这样的欣赏引导对幼儿美感经验的积累有直接的影响，为其价值取向与判断的建立提供了一个平台。

孩子在"百家衣"不同图案的排列、组合方式中寻找乐趣，开始的"这是一件衣服""我不喜欢"，就是看到民间美术作品后最直接的视觉感受回馈。面对陌生的民间美术，他们关注物品本身，却无法关注美术作品中的"美"体现在哪里。教师提出开放性的问题"你有什么发现"，让孩子的眼睛脱离"百家衣"的外在特征，从而进行自主探寻，做出一些简单的分析，表达自己对"百家衣"视觉观看的感受——"有很多三角形""五颜六色"。虽然孩子的表达很有限，但是在教师的引导和鼓励下，他们兴奋起来，且愿意继续说下去。

加德纳的研究认为，幼儿对探查自身艺术创造的能力具有极高的兴致，同时，如果成人让儿童围绕身边的艺术作品展开富有意义的讨论的话，他们会表现出足够的智力，去观察、反思那些作品。[1]在作品图像分解的引导下，孩子对作品的观察和分析越发精彩，甚至运用某种手势来表达个人的感受，以弥补自己语言的匮乏。在他们积极的赏析回应中，孩子积累着对视觉形象的感知。这样的欣赏学习持续一段时间之后，幼儿的视觉审美水平自然会发生变化，其美感经验得以培育。

（3）创作与交流

师：大家尝试将大的和小的布料叠加在一起，看看会出现什么效果？尝试不同的排列、组合方法，速度快的话可以摆出很多图案哦！

（由于美术活动时间的限制，采用2—3个小朋友合作拼贴的方式完成，作品见图71-5。）

[1] 爱泼斯坦，特里米斯. 我是儿童艺术家：学前儿童视觉艺术的发展[M]. 冯婉桢，译. 北京：教育科学出版社，2012：43.

图 71-5

师：请完成的小朋友把自己的作品贴在老师事前准备好的牛仔衣服上。谁来说一说我们小朋友自己制作的这件百家衣。

生1：这个是我和他一起做的，中间是一个圆形，旁边绕了一圈有点蓝颜色的三角形，这样很漂亮。

生2：我们的图案中间用的是正方形，然后外面是一圈小的正方形，再就是一圈大的正方形，然后再外面的正方形上面也贴了四个三角形。

生3：我做的和他们的都不一样，我们的三角形都是白色的，上面有五颜六色的圆点点。

师：我们小时候有穿"百家衣"的习惯，以前爷爷、奶奶、外公、外婆为了表达他们对小朋友深深的爱和美好的祝愿，从很多朋友家讨来布料，妈妈再用她的一双巧手，把这些布缝在一起，缝出了各种各样的图案，拼成了一件五彩斑斓的百家衣。

活动分析：教师开放性、指导性问题的引导，以及图像解构分析，对孩子的视觉刺激，孩子在对"百家衣"的赏析回应中，积累了对中国民间美术作品的美感经验。通过三角形、圆形、方形的花布头进行活动表达，在接触布料的过程中，孩子感受着花布的颜色、材质等，并进行有目的的操作，进行视觉表达的转换。在还原民间美术工艺的过程中，在设计并制作"百家衣"图案的过程中，孩子对活动主题有了更加深刻的认识和体验。老祖母用这样的布来制作"百家衣"，借此传递长辈对孩子的爱和祝福，这就是文化的传承教育。

（教学设计：丁志超、姜哲娴，指导与分析：李力加）

72、如何让孩子的审美经验与生活经验关联

认知发展理论认为，儿童在建构他们的知识世界时，是通过人、事、物及观念的直接经验，探索出世界是如何运作的。❶在广泛接触艺术作品的过程中，丰富了孩子的生活。当他们在《彩云飘飘》的美术活动中欣赏过艺术家诺尔德的水彩画并进行自主表现之后，有一天，一位孩子抬头看天，大声喊着说："老师，今天天空中怎么没有云呀？"这说明，孩子经过片刻（仅仅8分钟）的艺术作品欣赏后，开始主动重新审视生活中的云，主动观察的细腻性从画中延伸到身边的生活，深化了孩子对云的认知。

所以说，艺术活动是一种个人化的经验，这种经验可以改变一个人，它为孩子提供的真实经验，足以激荡起他们的头脑、心灵与身体，学习经验将是真实的、富有意义的。❷

下面结合美术活动案例《看不清的脸》进行分析。

> ❶ 爱泼斯坦，特里米斯. 我是儿童艺术家：学前儿童视觉艺术的发展[M]. 冯婉桢，译. 北京：教育科学出版社，2012：11.
> ❷ 爱泼斯坦，特里米斯. 我是儿童艺术家：学前儿童视觉艺术的发展[M]. 冯婉桢，译. 北京：教育科学出版社，2012：2.

给幼儿教师和家长的81条美术教育建议

美术活动案例:《看不清的脸》

在幼儿园美术活动里,经常看到孩子画人,他们特别喜欢表现身边熟悉的事物,人物就是一个常见的表现主题。不过,孩子画的脸似乎都一样,这样的状态值得我们思考。本主题美术活动在欣赏美术作品的基础上,借助水溶彩棒这种艺术媒介,表现看不清的脸,让孩子对人的侧面形象产生新的审视眼光,通过主题活动的体验过程,培养孩子的观察能力。

【教学准备与课前安排】

①水溶彩棒、水粉笔、水桶、白卡纸、教学PPT课件。

②教师事先准备16白卡纸、水溶彩棒、水粉笔、水桶,摆放在表现活动区域的画案上。

【教学过程】

课堂导入:这是我的头,谢谢就点头,这是我的眼睛,爱你亮晶晶,这是我的鼻子,嗅出好味道,这是我的嘴巴,对你笑哈哈,这是我的耳朵,听你来唱歌,这是我的下巴,靠近小嘴巴,这是我的笑容,甜甜像糖果,这是我的五官,请你要喜欢。(儿歌《五官》。)

(1)感知与体验

师:小朋友们,什么时候我们的脸会看不清、变得模糊呢?

生1:黑夜的时候看不清脸,没有灯。

生2:刮沙尘暴的时候,我爸爸在迪拜的时候老是会有沙尘暴。

生3:有树遮住脸就看不清。

(呈现模糊的人像摄影作品图,见图72-1,并邀请孩子上来摇头示范。)

师:请小朋友们仔细观察,你能看得清脸吗?

生1:好多只眼睛。

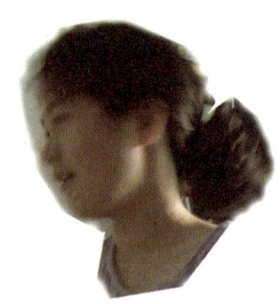

图72-1

生2：她的头发都飞起来了，挡住了。

师：有时候我们会看不清别人的脸，这是一种模糊的感觉，就好像"照片拍糊了"，你似乎知道他是谁，但又不确定，你有过这样的感觉吗？

活动分析：当下中国儿童的视觉感受积累，大都是由商业广告、网络图像、影视图像等娱乐性视觉图像所构成的"泛美国文化"形态刺激下，形成基本的视觉经验（概念图式），严重缺乏视觉审美引导。当教师提问"什么时候脸会看不清"时，孩子纷纷将自己的生活体验（已知）与大家分享，"黑夜""刮沙尘暴""被树遮住"，他们描述着印象深刻的、真实而具体的生活经验。教师引导孩子观察有意思的摄影作品—理解"模糊"的概念—有趣的摇头游戏，带领他们感受这种"看不清"的感觉。孩子原有的生活经验和当下新的经验相联结，他们的经验在不断扩展，从而为下一环节的欣赏做好了铺垫。

（2）欣赏与引导

师：现在请大家看老师的侧面，你们看到了什么？（教师用手指顺着侧面的轮廓线，进行引导观察。）

生：眼睛、鼻子、嘴巴、下巴。

师：老师把这个人的侧面全部遮住，现在你还认识她吗？（图像解构展示，见图72-2。）

图72-2

生：这边，因为我觉得她的这边像影子一样。

生：有鼻子，我感觉像三角形的。

师：我们只能看到最外面的一条轮廓线。现在请小朋友伸出自己的一个小手指，都来摸摸自己的脸。从上面开始，然后是鼻子、嘴巴、下巴。看看旁边小朋友的侧面，然后相互摸一摸，我们侧面的脸都长什么样子，来感受一下。

师：现在谁来试一试，用一根线一边观察一边画侧面的脸。（孩子尝试画侧脸。）

师：现在，老师要给大家看一件作品，你看到了什么？

（出示法兰克·奥尔巴赫的作品《侧面》，见图72-3。）

生1：人，脸。

生2：我看到了鼻子。

生3：怪物！

师：有小朋友猜对了，这是人的脸。现在这张脸发生了什么样的变化？你能猜猜画家为什么这样画吗？（PPT图像分解动画展示，见图72-4。）

图72-3　法兰克·奥尔巴赫《侧面》

生：用了蓝色。

师：画家好像心情烦躁，你看画面上的笔触多么大胆，有的笔触很粗、很随意，又像是在一张人脸上涂抹颜料，使这张脸看起来非常神秘，所以我们猜不透他的想法！

图72-4

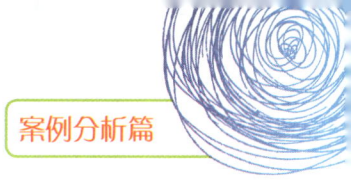

生：这个人的眼睛、嘴巴、耳朵和头发有点看不清。

（教师操作引导。）

师：现在老师请一位小朋友来帮忙，用水粉笔蘸一蘸清水，然后轻轻地在刚才用水溶彩棒画过的地方进行涂抹，魔术开始啦！发生了什么变化？

生：画的线不见了。

师：彩棒和水的融合变出了一张看不清的脸。除了用这种材料，画家也想了一个办法，用厚厚的颜料进行涂抹，也变出了看不清的脸。

活动分析：在对摄影图片的分步骤解构中，孩子借助原本对人的认识来分析和描述当下的剪影。同时，通过用手触摸自己的脸，体验脸的触觉感受（尤其是鼻子的凹凸），紧接着用线条来表现看到的、触摸到的侧脸，将其转换到画纸上。

而艺术作品的呈现，打乱了孩子旧有的视觉经验，这样的艺术化处理，一些孩子不太接受这种感觉，他们表达了"像怪物"的看法。孩子有这种看法比较正常，在他们原有的艺术经验中，这种艺术表现方式以前从未感受过。在对艺术家作品进行图像分解、重构图式、组合后，刺激孩子的眼睛对其产生某种感觉，引导孩子对艺术家的审美样式产生认同。

在教师的支持和引导下，借助水溶彩棒（水溶彩棒这种工具比一般油画棒软，容易涂抹，同时又有遇水即溶的特性）的操作，孩子尝试着将侧脸造型变得模糊不清，此过程可以感受新媒材带来的新体验。他们自主探索运用这种新的艺术媒介，通过主动学习获取经验并建构知识，进行艺术创作和艺术鉴赏活动，发展他们的艺术感受力和艺术表现力。

从观看生活中的物象—用新的视角观察体验—用美术语言及媒材进行视觉转换—关联艺术作品并自己画—重新回到生活中体验观察。孩子开始观察生活，逐渐知道如何去看，并愉快地进行表达。

（3）创作与表现

①观察人的侧脸，用水溶彩棒画下来。

②听口令，蘸清水对画面轻轻进行涂抹（孩子的作品见图72-5）。

图 72-5

活动分析：短短 20 分钟的美术活动，孩子脑海中对艺术作品的短时记忆，以及自身的想象，借助艺术媒材进行了表达。在没有示范的教学中，孩子画出的都是个人独特的视觉符号。画面中出现的一个个人的侧脸，大多是直觉和本能的驱动，他们没有太多的思考和禁锢，只是主动地画出个人的感受。

其中，课堂里也出现了图 72-5 右下角的作品，从中反映出孩子从原来表现正面的脸到侧面的脸过程中的思维转换。作品里那张脸中间的线条，与毕加索的结构线表达有异曲同工之妙。但是，孩子没有欣赏毕加索作品的经历，这样的知觉与表达是孩子在纯粹的直觉中，主体思维转换的率性表达，给我们带来了喜悦。

（教学设计：姜哲娴、丁志超，指导与分析：李力加）

73. 如何在关联经验的基础上创造图式

在儿童美术发展中，学者们提出了涂鸦期、象征图示期（图示概括期）、意象表现期、写实期等不同的发展时期。按照美国学者罗恩菲德的划分，象征图示期被命名为样式化前阶段，意象表现期被命名为样式化阶段。对于幼儿园的孩子来说，图式期（样式化阶段）的典型特征是，他们的儿童画既画自己知道的，又画自己看到的。幼儿教师如何在尽力保护孩子天性的基础上，引导孩子创造图式，应该是美术教学活动最需要关注的重点。

下面结合美术活动案例《天光落在水田里》进行分析。

美术活动案例：《天光落在水田里》

【教学准备与课前安排】

①宣纸、毛笔、教学PPT课件。

②教师事先准备宣纸、毛笔，摆放在表现活动区域的画案上。

【教学过程】

课堂导入：池塘的水满了，雨也停了，田边的稀泥里到处是泥鳅。天天我等着你，等着你捉泥鳅，大哥哥好不好，咱们去捉泥鳅。小牛的哥哥带着他捉泥鳅，大哥哥好不好，咱们去捉泥鳅。（歌曲《捉泥鳅》。）

（1）感知与体验

①呈现梯田的摄影图片（见图73-1、图73-2）。

师：小朋友们，还记得我们曾经画过的梯田吗？你看到了什么？

②呈现梯田的黑白线描图片（见图73-3、图73-4）。

给幼儿教师和家长的81条美术教育建议

图 73-1

图 73-2

图 73-3

图 73-4

师：清澈的水田像一面面镜子，倒映着天上的云彩和飞鸟。其实，水田里藏着我们美术课的好朋友——线宝宝，看老师变个花样。你发现它们了吗？

生：发现了。

师：能说说这些线宝宝是什么样的吗？

生：它们有的粗，有的细，弯弯曲曲，好像会游动呢！

设计意图：通过改变画面，激起幼儿视觉的直观感受，引导其发现美术元素。

案例分析篇

（2）欣赏与引导

图 73-5　吴冠中《水田镜心》

（出示吴冠中作品《水田镜心》，见图 73-5。）

欣赏引语：宁静的天空倒映在水田，潺潺的清水流进我的心田。粗粗细细的墨线灵动而悠扬，蜿蜒在山间，浮游在水面。纤巧的短线是田埂上的小树，跳跃的彩点是开在心里的繁花。

教师引导：这些游动的线条仿佛给画面带来了节奏，小朋友，你能取一部分，说一说线条带给你的感受吗？

（呈现作品分解图，见图 73-6。）

图 73-6

给幼儿教师和家长的 81 条美术教育建议

提问 1：为什么一根线条的粗细浓淡能有这么多变化，你知道画家用了什么工具吗？——对了，是毛笔和水墨。

提问 2：如果你有一支毛笔，怎么画一根细线？又怎么能让这根线慢慢变细呢？什么时候画得快一些，什么时候画得慢一些？

提问 3：想一想，这么多点和线，画家是怎么把它们——安排在画中的呢？我们来看一看。

设计意图：分解画面有助于幼儿理解作画步骤，为创作奠定基础。

（3）创作与表现

①请你在白纸的任意地方刷一层淡淡的底色，再用毛笔蘸墨，画一画弯弯曲曲的线宝宝。

②画重一点和轻一点，线宝宝有什么不同吗？

③画快一点和慢一点，线宝宝又发生了什么变化？

（孩子尝试表现，见图 73-7。）

图 73-7

活动分析：引导孩子创造图式的教学关键在于，强化欣赏教学，教师需要让孩子欣赏有格调的美术作品，用特别的视觉图式，打破儿童已形成的固化的审美倾向，例如，所有的幼儿园都有跟随某图形填色的教学，这样的教学对于儿童知觉美术来说是最糟糕的。如同罗恩菲德所说："这种模仿的方法对儿童的创造力会造成不良的效果。"

在本教学活动欣赏的环节里，分解出吴冠中作品的图式，孩子可以逐步认识中国美术作品及表现的元素。然后，教师再引导他们进行有意义的创造。在这里,需要坚决杜绝简笔画教学的影响,要启发学生按照自己欣赏作品感受之后的思路,表达线条与墨色,这是孩子对欣赏作品图式和旧有图式记忆混合匹配感受后的认知心理反应。

简笔画临摹教学最大的问题在于,"当儿童面对这种跟随既有的轮廓线去画时,他已经丧失了以丰富的创造性去处理物我关系的能力。"[1] 因为,在幼儿园实施中国水墨画教学活动,大多数教师会按照简笔画临摹教学那样来实施,造成孩子对画面上的形态有太多模仿的元素,使其视觉思维创造性早早缺失,产生逃避以视觉思维创造图式的心理。

美术教师需要在引导孩子感受艺术家作品的基础上,创造图式,引起知觉体验,唤起旧有经验,两者交融后,孩子在教师的引导下,独立对某物象(水田)进行自主塑造,而不是临摹教师给出的图形。

(4)展示与表达

师:你的梯田里有什么?互相看一看,其他小朋友画的梯田是什么样的(见图73-8)?

设计意图:通过欣赏和描述画面,加深对线条的印象,在教师的指导下,评述他人的画,有助于培养良好的审美趣味。

图 73-8

活动分析:一般学前孩子在美术活动中的表现状态是,总向教师追问这是什么(形)?他们不会去主动发现,探究

[1] 罗恩菲德. 创造与心智的成长[M]. 王德育, 译. 长沙: 湖南美术出版社, 1993: 17.

何为美术语言。学前美术活动最重要的目标是解决幼儿如何思维,如何观看的问题。美术活动中教师需要扮演好引导者,在适度的引导中,让孩子主动体验,建立个人的经验,学会积累这种视觉转换的思维。当找出上述美术语言后,再专门讲色彩语言。色彩语言与情境有关,什么样的情境就运用什么样的色彩。长期经历这样的学前美术教育活动后,孩子就会逐渐明白,首先要学习如何"说画",用什么样的语言来"说"个人的画,这是艺术创作的基础。

(教学设计:姜哲娴、丁志超,指导与分析:李力加)

74、如何在美术活动中调整教学指导

在学前儿童主题美术活动的教学实践中,要根据不同年龄段孩子的反应,以及接受度、操作难易等调整课程设计,以保证该美术活动的安排是最为合理的。同时对于某一主题或美术语言,在孩子视觉感受的基础上,在一段周期内进行由简单到复杂的螺旋上升的递进,并选择不同的工具、材料进行体验、探索,尝试自主把握美术语言的视觉表现样式,在举一反三中学会视觉造物的转换。

例如,在梳理"线"这一美术学科知识时,可以安排两个延续性的主题活动——《搭线线》和《线的游戏》。这两个主题活动相隔时间为三个月,孩子在参加第一个主题活动《搭线线》的基础上,再接触主题活动《线的游戏》,以螺旋上升的接受方式,可以促进孩子自身美术表现能力的提升与巩固。

下面结合美术活动案例《搭线线》《线的游戏》进行分析。

案例分析篇

美术活动案例：《搭线线》

【教学准备与课前安排】

①废旧包装纸盒裁成的纸板条（线）、水粉颜料、黑色卡纸、教学PPT课件。

②教师事先将废旧包装纸盒裁成纸板条（线），将16开黑色卡纸、水粉颜料等准备齐全，摆放在表现活动区域的画案上。

【教学过程】

课堂导入：短短的横线与竖线，交织成十字，连绵成长队。时而像迷宫将惊慌的孩子困锁，时而像屏障保卫柔弱的羊群。小朋友们，你们会用横线和竖线来表现什么？

（1）感知与体验

①小朋友们，知道这是哪里吗？（出示幼儿园门口栅栏的图片。）发现了什么？这些栅栏（栏杆）是怎么组合的？（教师用手势画横线和竖线进行引导。）

②搭一搭：这些小纸片是我们从家里的包装纸盒上裁剪下来的，今天，我们变废为宝，用它们来搭一搭横线和竖线。它们将怎样交叉、重叠，怎样排列？

设计意图：从孩子的生活经验出发，让其感知发现生活中的材料可以进行美术表现。利用废旧包装纸盒裁成的纸板条（线），进行搭一搭的拼摆，在游戏性的活动中，激发孩子的兴趣。

（2）欣赏与引导

（出示蒙德里安作品《海堤与海·构成十号》，见图74-1。）

欣赏引语：画家蒙德里安曾经住在美丽的斯赫维根海岸

图74-1　蒙德里安《海堤与海·构成十号》

边,他经常漫步,看着波光粼粼的海面和那伸入大海的海堤,像着迷了一样,一看就是数小时。看着这么漂亮的大海,他画了一组《海堤与海》,来表达他在海边的感受。画家说:"看着大海、天空和星星,我通过大量的十字形(横线和竖线)来表现它们。"

①呈现完整作品(见图74-1),看到这张画,小朋友们想到什么呢?
②画面局部分解,呈现横线(见图74-2),看到了什么?有什么变化?
③呈现竖线(见图74-3),现在呢?有什么变化?
④横着的线跟竖着的线像朋友一样,拉起了小手(见图74-4)。
⑤水平线条与垂直线条的交织与缠绕给你一种什么样的感觉呢(见图74-5)?

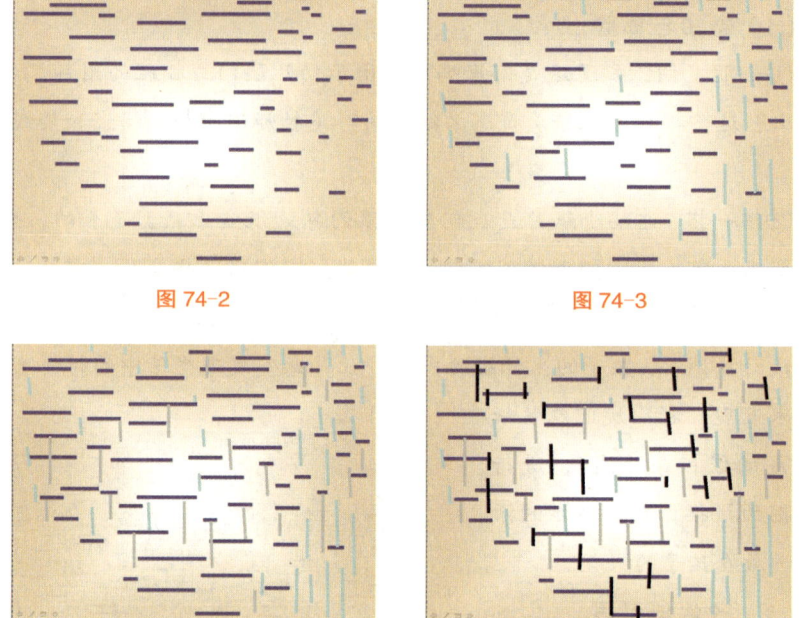

图74-2　　　　　　　　图74-3

图74-4　　　　　　　　图74-5

⑥再呈现完整作品——横着的线、竖着的线,画家最后把海画成这个样子。看到这样的画,你有什么样的感受?

师:小朋友们会画横线和竖线吗?拿出小手,跟着老师一起画一画。

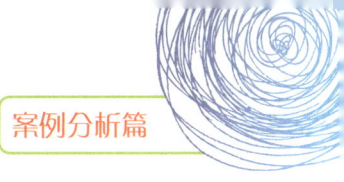

设计意图：通过师生对话和图像解构的方法，调动幼儿的整体感知，引导其对作品进行欣赏并表达认识。

（3）创作与表现

①请小朋友们像画家蒙德里安一样，用横线和竖线来画一画。

②想一想，你想画什么地方？是乡村野地、花园外围、溪流河岸，抑或是城市的某个角落？

③你想将线设计成哪种形态，是连绵的长线，还是错综的环状、三角形等？

④你觉得谁会经过这些地方，会带着怎样的心情？

（4）欣赏与评述

看着小朋友自己的作品（见图74-6），说一说横线和竖线的故事吧。

美术活动案例《线的游戏》具体教学过程见本书第42条建议"如何给孩子讲授线条的表现方法"。

活动分析：在《搭线线》这个主题中，通过欣赏感受美术作品，学习表达不同线条的长短、交叉等美术语言，体验画面的均衡感。活动主题《线的游戏》继续感受美术作品，尝试以不同工具、材料表达线条的粗细、疏密，孩子开始积累对基础美术语言的认识。虽然两个主题的欣赏作品截然不同，但是均提取了作品中共同的元素——线，作为美术活动中感知—体验—表达的内容。

这两次主题活动选用不同的媒材——废旧纸盒裁成的线条和水粉颜料。欣赏作品之后，如何将眼睛看到的通过绘画表达出来？加登纳认为："教师的任务基本上是为自然出现的那些发展提供支持，对来自儿童的积极性做出赞许和同情的反应。然后，在童年中期和后期就需要给予更多的积极干预：在学习某种艺术技能和技术时应给予更多的训练指导。"❶依托于某种技能技巧，孩子才能将情感、想法通过工具材料表达出来。

教师要在适度的干预中，让其进行游戏性的表达。对于初次接触水粉笔、颜料等材料的孩子，教师要对工具的使用进行示范、指导与强调。幼儿自身的

❶ 张小鹭. 中日幼儿美术教育的比较研究[J]. 中国美术教育. 1995（2）：4-7.

控制力与约束力较差，而新的工具材料对于幼儿来说具有较大的吸引力。短短不到10分钟的欣赏与引导，很容易让幼儿在面对新的工具材料时，将教师所讲的具体要求抛之脑后，取而代之的是对新工具材料的把玩。

因此，在体验过程中，教师以口令指挥幼儿行动，"蘸一蘸、压一压"，这是对工具材料使用的规范。"三条竖线两条横线""两条密密的线""再画几根胖胖的线"属于表现性指导口令，意在让幼儿不忘用线进行游戏。同时，由于欣赏教学区域和表现区域是分开的，因此在孩子动手表现的时候，教师需要再用话语提示，让孩子记忆里的想法重现。

至于孩子用什么颜色、怎么画线，都需要进行自由表达。兴趣是最好的老师，适当的口令就像是游戏中的规则，不会束缚幼儿的思维和行动，最终，示范引导和自主创作会融为一体。这样的指导能培养幼儿的规范，养成秩序感。

同时，活动要考虑到孩子感受美术主题后，是否有能力完成作品，提前预想并避免。以《线的游戏》为例，第一次小班孩子在表现时，采用A4大小白纸（见图74-7），由于纸张过大，孩子的小手力度与挥洒幅度不能画出较长的线条，稍不加控制就容易将画面抹成一团乱色或随意画其他。根据本情况及时调整活动实施策略，第二次小班孩子采用15厘米×15厘米的黑卡和牛皮纸板（见图74-8），口令引

图74-7

图74-8

导孩子一起画,孩子较为出色地完成了作品。第三次在中班实施本主题活动时(见图74-9),采用长方形大张黑卡,四人一组进行合作画,并让他们一边走一边画横线,交换站位画竖线,相对于小班孩子,中班孩子显得更理性些,作品完成度较高。

图74-9

总之,在美术活动实践中,无论是对活动目标的设定,还是过程环节的设计,都要根据孩子的实际情况进行改进。同时,教师也要关注提问方式、表情手势、环境的布置、工具材料的选择与规范习惯等。在反复的活动实践和对教学设计内容的修改中,最终形成学前儿童美术活动的系列课程。

(教学设计:姜哲娴、丁志超,指导与分析:李力加)

75、如何调动孩子的整体感官参与学习

在审美活动中,幼儿的身心知觉具有整体性,包括眼睛、耳朵、肢体在内,也就是视觉、听觉、触觉甚至味觉共同构成了整体知觉。基于感知与

表达的美术学习，教师要引导孩子调动整体的身心知觉，通过感知主题素材如作品、图片、实物等，从而进入到游戏性的活动状态中，并由生活的"肉眼"向特殊美感经验的眼光转换。因此，如何选择作品，如何导入，如何启发幼儿在感知的基础上表现，是教师需要认真研究的问题。美术作为视觉艺术，其价值在于能够培养感知特殊视觉的能力，同时，又能在积累美感经验的基础上，自主创造非自然的神奇视觉，使人的想象力、创造力发挥到极致。

下面结合美术活动案例《盖房子》进行分析。

美术活动案例：《盖房子》

【教学准备与课前安排】

①积木、废旧纸（纸箱、旧杂志等）、乳胶、半开黑色卡纸、教学PPT课件。

②教师事先将废旧卡纸（纸盒）等裁成各种几何形状，如三角形、长方形、正方形、条状等，混合放在一起；卡纸裁成长条形的两半，2~3人为一组使用一张，事先准备乳胶、积木等，摆放在表现活动区域的画案上。

【教学过程】

课堂导入：搬块砖，叠块砖，砌块砖，加块砖，我的房子盖得高；搬块砖，叠块砖，砌块砖，加块砖，房子坚固不会倒；抹呀抹，抹呀抹，抹呀抹，抹呀抹，快把水泥都抹好，盖上大屋顶，再开一扇门，欢迎你来我家坐。（儿歌《盖房子》。）

（1）感知与体验

师：小朋友们，你见过房子吗？说一说你见到的房子长什么样子吧！

①出示房屋摄影图，引导观察房子的基本形。你能看出这些房子是由什么形状组成的吗？

②游戏"搭一搭"，时间2~3分钟。你知道怎么盖房子吗？用你手中的木头试着搭一搭，看谁搭得房子又高又牢固。

③盖完房子，还要粉刷呢！看看这些五颜六色的房子吧！（欣赏房屋摄

影图片，见图75-1。)

设计意图：儿歌导入，唤起孩子对生活里常见建筑的记忆；图像欣赏，引导他们观察不同房子的特点；体验搭积木的乐趣，知道"盖房子"从下至上的空间顺序。

图75-1

(2) 欣赏与引导

欣赏引语：我盖的房子悬在半空中，出门要靠爬楼梯。你看我家多奇特，好像是用积木搭建的，你看那三角形的屋顶、长方形的楼层，一层层叠呀叠呀，再高也不怕。

①教师引导：出示画家苏尔索拉的作品图《法沙达城》(见图75-2)。说一说你看到了什么，这些房子由什么形状组成？这些房子是盖在水上的，你观察到了吗？画家加了很多楼梯，这样就方便上下楼啦。

图75-2 苏尔索拉《法沙达城》

②你知道它是怎么盖起来的吗？我们一起来看看画家笔下的房子是怎么

一点一点盖起来的。

③播放分解图（见图75-3）。先要用木头做个架子，用来支撑房子，然后盖第一层房子，墙是长方形的，黄色的，当然你也可以加上别的颜色，可以在墙上开个小门哦！

④第一层盖好了，接下来是第二层（见图75-4），还要用木头搭个架子，然后再把墙盖起来，最后是屋顶，屋顶可以是任何形状，屋顶上可以再加个烟囱（见图75-5）！

⑤盖完了之后，要在上面画窗户啦，这里还有阳台呢，哦，别忘了要有楼梯！要不然怎么上楼呢。好啦，一座房子盖好了（见图75-6），我们可以在这座房子旁边再盖一座房子，这样你就有邻居啦！

图75-3 | 图75-4
图75-5 | 图75-6

设计意图：通过演示画家的作品，帮助幼儿理解创作的过程与方法。

(3) 创作与表现

① 和你的小伙伴们在同一张纸上盖房子吧，你们是好邻居呢！

② 盖完一座房子，再盖一座，高的矮的都可以。

③ 试着用不同形状的纸做屋顶，你会有新的发现！（播放背景音乐。）

（如果小朋友不会使用乳胶，教师可在创作前让他们练习使用方法。）

(4) 欣赏与评述

师：向大家介绍一下小伙伴们一起盖的房子吧（见图75-7）。

图75-7

设计意图：大胆表达自己的想法，锻炼在他人面前展示自己的能力。

活动分析：本教学由经典美术作品欣赏，展开关联性思考，采用图像解构的方法改变孩子眼睛观看的方式，引导孩子自主发现作品中蕴涵的美术语言，积累对艺术作品的美感经验。在感受美术作品特殊视觉图式的基础上，激发孩子自主表达的内在欲望。从视觉听觉（兴趣点）—认知（意识形成）—技法、方法（选择行为方式）—表达（创作空间）—愉悦（兴趣点表达的愉悦），以此设计和开展教学活动。

教学中倡导运用视觉、听觉、触觉、味觉、嗅觉等感官知觉，整体地接收教学主题的刺激，在师生互动中，引发孩子内在心灵的感动，继而涌现幸福、欢欣、愉悦、表现的感觉和欲望，获取并积累美感经验。幼儿在这样的课堂上积累的美感经验，可以产生与其生活环境相适应的情感，激发主动表现的情感回应，间接地形成未来关怀自然、社会意识与文化认同的心理基础。

（教学设计：姜哲娴、伍翔南、李霜菊、丁志超，指导与分析：李力加）

76、如何渗透中国民间美术文化的滋养

对孩子渗透美术的滋养，应该从中国传统文化和民间美术入手。在中国民间美术中，无论是剪纸、民间玩具、衣帽服饰的图案，或是门神、灶君的年画、祭祀死者的纸人纸马等，始终保持着神秘的色彩和古朴的韵味。它不仅是一种艺术特征，更重要的是一种神性的情感、精神的渗透。就民间不同地域艺术活动的精神来说，都存在着统一默契的审美。现在的孩子对于民间美术比较陌生，美术活动需要针对这一主题进行强化实施。

下面结合美术活动案例《瞧瞧山大王》进行分析。

美术活动案例：《瞧瞧山大王》

【教学准备与课前安排】

①彩色粘土、教学PPT课件。

②教师事先将彩色粘土等摆放在表现活动区域的画案上。

【教学过程】

课堂导入：两只老虎，两只老虎，跑得快，跑得快。一只没有眼睛，一只没有尾巴，真奇怪，真奇怪！（歌曲《两只老虎》。）

（1）感知与体验

欣赏自然界的老虎图片，引导学生感知体验老虎威猛的外貌形态、动作神情——小朋友，你认识这种动物吗？对啦，这就是百兽之王——大老虎。你喜欢老虎吗？谁能学学它的动作神情？

设计意图：在欣赏中唤起幼儿的生活经验，通过看、听、模仿等多种方式，丰富幼儿的感知，在对比中把握真老虎与布老虎之间的联系。

（2）欣赏与引导

（欣赏民间手工艺作品《布老虎》，见图76-1。）

图76-1

欣赏引语：我是山中大老虎，瞧瞧我，多威武，百兽之王下山来，小朋友，我保护。圆圆的眼睛闪金光，大大的嘴巴笑得欢，坏蛋妖怪都走开，吉祥好运自然来。

教师引导：凶猛的老虎经过民间艺术家的处理，变得一点儿都不可怕了。别看它们是用布做的，咬起坏人来依然威武，保护小朋友一点儿也不马虎。找一找，老虎是怎样由凶猛变成可爱的呢？

①出示解构图片，见图76-2，看看老虎眼睛的形状有哪些变化？眼神由原来上扬的凶恶的眼神，变成了温驯可人的眼神。

②出示解构图片，见图76-3，观察老虎的鼻子，民间艺人做了怎样的处理？

③出示解构图片，见图76-4，锋利的牙齿不见了，用了怎样的形状来表示嘴巴呢？

④出示解构图片，见图76-5—图76-7，艺人在制作民间玩具的时候，还会运用夸张变形的手法来装饰玩具。

设计意图：通过欣赏和介绍，引导幼儿了解布老虎变可爱的元素转换，领略民间艺术的风采，提高创作兴趣。

给幼儿教师和家长的81条美术教育建议

图76-2

图76-3

图76-4

图76-5

图76-6

图76-7

（3）创作与表现

一个帅气又可爱的布老虎应该从哪里开始做呢？让我们一起用彩色黏土试一试吧！（作品见图76-8。）

图76-8

设计意图：从用眼睛看到动手做，需要示范来帮助幼儿完成作品。

（4）欣赏与评述

请学生互相说一说，自己选择了什么颜色的彩泥来做山大王？这只山大王能保护小朋友吗？从哪里能看出它的本领？

设计意图：每件作品都融合了幼儿自身的情感和想象，除了动手制作外，还需要开口将自己的想法讲述出来，提升其口头表达能力，培养幼儿评述与倾听的习惯。

活动分析：浓郁的乡土气息，醇厚的味道有着共同的情韵。没有受过专门艺术教育的民间妇女，却在自己的艺术实践中抓住了艺术的真谛。她们讲不出什么是"艺术创作"，可是却能把自己的所想、所见、所爱，按照自己的审美标准得心应手地制作出来。儿童美术教育理应吸收民间美术的艺术生命。

（教学设计：张馨月、李霜菊，指导与分析：李力加）

在渗透中国民间美术文化的滋养中，以下的教学思路可供读者参考。

（1）按自己的理解和兴趣进行再创造

民间老太太、大嫂、巧手姑娘们剪窗花时有一种"按自己的理解和兴趣再创造的自由性"。一枚可爱的窗花可能在小女娃的剪刀下，还有点丑陋或难看，但经过婶婶、大姨的妙手，就能变化为俊俏的图案。用剪纸大嫂的话来说："这就像一家三代人——漂亮的母亲、丑陋的女儿、俊俏的孙女，既相似，又不同。"很有点遗传学的味道。

图 76-9

对待一个窗花的样式，无论张家的闺女还是刘家的妞，谁都可以按照自己的喜好，把感觉不如意之处随意改动，她们不是为了商品生产，不是为了取悦他人，她们在用自己的手和感情进行创造，按照自己的理解和兴趣进行再创造（见图 76-9）。

（2）情与美是民间美术的核心价值

民间美术中体现出的美感和深情，在对儿童进行视觉审美的引导中，就像摄像机的镜头，一幕幕得以呈现：哪家的姑娘正在掀开绣花的镜帘；一位年轻的妈妈正给坐在炕沿的娃子穿上虎头鞋（见图76-10，赋予某种文化意义的绣花样的鞋子）；赤膊娃儿的肚兜上绣着"五毒"的花样；娃儿枕着葱绿色的耳枕，正在沉睡，身下是淡黄而清爽的竹炕席；院落里晒满了等待彩绘的泥玩具；簪着鲜红鬃头花的媳妇们，相互品评着庆端阳的彩丝巧粽与香荷包；哪家的窗前，小姑娘跪坐在贴满窗花的炕头上，初试剪花花；花面馍馍已经蒸好……这些平凡的物质形态，在细腻的生活情节里相互交织、映衬着。

图 76-10

77. 如何从欣赏感悟到造物表现进行转换

孩子对美术作品的欣赏，建立在视知觉审美感受的基础之上，孩子在与各种艺术媒介接触的过程中，经历了朗读、歌唱、律动、视觉感知等诸多环节，根据自我感受进行评述表达，最终出现创作表现等综合性行为，使其感知觉能力和动手能力整体提升。

案例分析篇

下面结合美术活动案例《花的嫁衣》进行分析。

美术活动案例：《花的嫁衣》

【教学准备与课前安排】

①油画棒（水溶彩棒）、图画纸、教学 PPT 课件。

②教师事先准备水溶彩棒、图画纸，摆放在表现活动区域的画案上。

【教学过程】

课堂导入：婆婆丁，水泠泠，开黄花，一丛丛。天打雷，地下雨，张家姑娘过大礼。两脚蹬着描金柜儿，扎花枕头十六对儿。开开箱儿，十六双儿。开开匣儿，好针扎儿。（民间歌谣《婆婆丁》。）

（1）感知与体验

师：小朋友们，还记得我们以前纺织的格子布吗？

设计意图：温习之前所学的内容，并用音乐作品与之前学习内容相结合，唤起幼儿的感知。

（2）欣赏与引导

呈现满族民间刺绣枕头图片，见图 77-1。

图 77-1

欣赏引语：里面竟然藏着好多排排站的线宝宝。画长线，画直线，我们的线线排排站；画浅线，画深线，叠在一起成为一家人。

呈现刺绣的解构图，见图 77-2。

给幼儿教师和家长的81条美术教育建议

图77-2

①教师引导：这些线宝宝发生了什么变化？

②呈现浅色线——小朋友们看到了什么？这些线宝宝的身高都一样吗？（有长，有短。）

③呈现中度线——这两组线宝宝有些地方叠在了一起，拿出小手画一画。

④呈现深色线——又来了一组线宝宝，他们也拉起了手。今天啊，线宝宝们又聚集在了一起，他们手拉手变成了有些距离的线宝宝了。

⑤变！小朋友们仔细看，一层一层叠在一起——线宝宝们变成什么样子了？猜猜看，他像什么？

⑥再看看，一群线宝宝赶过来了，围成了一圈。小朋友们发现了什么？

设计意图：通过形象化的方式，分解民间刺绣工艺中平绣的针法和绣工，转换为绘画方式中的排线表达。

活动分析：满族民间刺绣局部纹样运用平绣的针法和绣工，将其绘画方式转换为一种排线进行感受。

（3）创作与表现

今天我们也给花儿换一件衣服，挑选相近的颜色由浅到深或由深到浅，给线宝宝排个队。（幼儿进行创作，作品见图77-3。）

活动分析：民间刺绣的表现方法有多种多样，将基本的平绣工艺转化后所产生的作品效果，如同孩子用彩色水笔排线的方法一样，可以涂画出斑斓的色彩，还能勾画出不同的形态。

从作品得到的启示是：孩子在美术学习中的心理活动，与其旧有的感知觉记忆关系密切，教师如果有意识地通过语言、相关图像的欣赏，使其能够

图 77-3

在创作时发生必要的思维融合（心理匹配），作品的表现就会特别有意义，就会加深教学主题内容的深刻性。

在教师的引领下，孩子能够通过感知、分析民间刺绣工艺品的针法和绣工，将其转换为彩色水笔中的排线法，这样的转换对儿童的认知心理和学科技能的学习，均产生很大的作用，即孩子没有感到技能在美术学习中有多么难，技能也没有成为学习发展中的障碍，反而成为调剂学习情绪的润滑剂，孩子觉得这样的转换非常有趣。

（教学设计：伍翔南、李力加，指导与分析：李力加）

给幼儿教师和家长的81条美术教育建议

78. 如何在主题性美术活动中关联思维

视知觉审美感知与表达的美术活动，旨在调动孩子的视觉、听觉、触觉、动觉、嗅觉等整体知觉，每个教学主题的图像信息都可以将这些知觉整合到一起，促进孩子手眼协调，培育其养成良好的习惯，发展独特的创造力等综合能力。

教师在引导孩子欣赏作品（图片以及实物）时，要思考如何以欣赏过程的知觉体验关联孩子的生活经验。例如，由教学主题的关联性入手，展开欣赏，引导孩子能够在看似毫不相关的两个或多个事物之间找到其间的联系，引发孩子内在的心理反应，教师由此提出作业要求、评价等，这是欣赏教学的有效方法。同时，可提供某些学习的知识，如对生活现象的探索、语言与数学逻辑的推理、视觉表征符号的运用以及美术文化的传承。

下面结合美术活动案例《大家一起来跳舞》进行分析。

美术活动案例：《大家一起来跳舞》

【教学准备与课前安排】

①一次性碟子、黑色马克笔、教学PPT课件。

②教师事先准备笔、碟子等，摆放在表现活动区域的画案上。

【教学过程】

课堂导入：洋娃娃和小熊跳舞，跳呀跳呀一二一，他们在跳圆圈舞呀，跳呀跳呀，一二一；小熊小熊点点头呀，点点头呀一二一，小洋娃娃笑起来啦，笑呀笑呀哈哈哈，洋娃娃和小熊跳舞，跳呀跳呀一二一，他们跳得多么好呀，多么好呀一二一，我们也来跳个舞，跳呀跳呀一二一。（歌曲《洋娃

娃和小熊跳舞》。)

(1) 感知与体验

师：小朋友们，刚刚我们跟着音乐跳舞，还记得我们是怎么跳的吗？（我们所有的小朋友都手拉着手跳的。）你能告诉我大家手拉手跳舞的时候，你的心情是什么样的吗？

师：其实世界上的很多人都喜欢手拉着手跳舞，比如少数民族，他们在节日的时候会穿上华丽的衣服，围成一圈跳舞。（出示摄影图片。）

设计意图：通过舞蹈活动，体验集体活动的乐趣。本主题离孩子今天的生活比较遥远，因此，歌曲（儿歌）的导入或许有点现代感，在音乐与舞蹈中呈现图像，关联孩子多种生活经验。

(2) 欣赏与引导

（出示代表中国新石器时代马家窑文化的彩陶舞蹈纹盆，见图78-1。）

图78-1 彩陶舞蹈纹盆

欣赏引语：穿越千年的尘埃，出于尘封的土壤，轻声讲述一个关于远古的故事。看呀，人们好欢乐，手拉着手儿来跳舞，挥舞着手臂转起了圈。我们不清楚他们的模样，只知道他们紧密相连，将身体幻化成简单的图案，一个又一个重复着同样的姿态。

（出示彩陶舞蹈纹盆的黑白解构图，见图78-2。）

① （呈现一个舞蹈人。）教师引导：小朋友们，你们知道这个人在干什么吗？（呈现三个舞蹈人。）现在你能猜出他们在干什么吗？从哪里看出来的呢？（出示全

图78-2

部舞蹈人。)你看,原来他们在跳舞呢,仔细观察他们的动作,你觉得这些跳舞的人们快乐吗?他们为什么一个挨着一个,连姿势和大小都差不多呢?说说你的想法。

②小游戏。我们来学一学这些跳舞人的动作好不好?小朋友们排成一排,小手拉着小手,跟着音乐跳一跳。

③(呈现彩陶舞蹈纹盆图像。)其实老师隐藏了一个秘密,小朋友想不想知道?原来这些舞蹈人是画在陶盆上的,这可是有几千年历史的盆哦。小朋友们能不能猜一猜,为什么古代的人要在陶盆上画舞蹈人呢?除了陶盆,想一想这些图案还能被画在哪里呢?

(3)创作与表现

小朋友们也学一学古代人,画一画舞蹈的场景吧!多画几个舞蹈人,他们的动作可以是一样的。画完一组舞蹈人之后,可以试着画不同动作的舞蹈人哦。也可以试着把舞蹈人画在碟子的不同地方,很好玩呢!(孩子作品图见图78-3。)

图78-3

设计意图:用剪影的方式进行连续的舞蹈人的剪贴表现。

活动分析:孩子在接触和体验不同媒材造型(造物)的表现过程中,教师不能停留在对材料的表面使用上,而应让孩子对这些视觉材料进行深入的

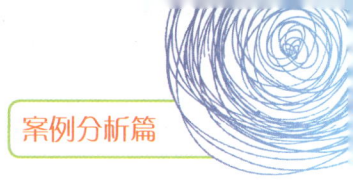

案例分析篇

理解，拓展孩子的经验范围，并养成规范操作的习惯。孩子在美术活动中的"行为规范使美术的操作和学习变得更简便和迅速"。❶ 在接触媒材、工具时，教师应该先让孩子进行体验（看、闻、听、触摸等），同时恰当演示媒材使用的步骤过程（注意：此环节不是示范如何画或如何做，而是为孩子演示各类不同媒材的使用方法），再配以简洁的口令，强调使用（操作）步骤，进而可以引导孩子创作出有意思的作品。

❶ 尹少淳. 走近美术 [M]. 长沙：湖南美术出版社，1998：318.

（教学设计：黄聪丽，指导与分析：李力加）

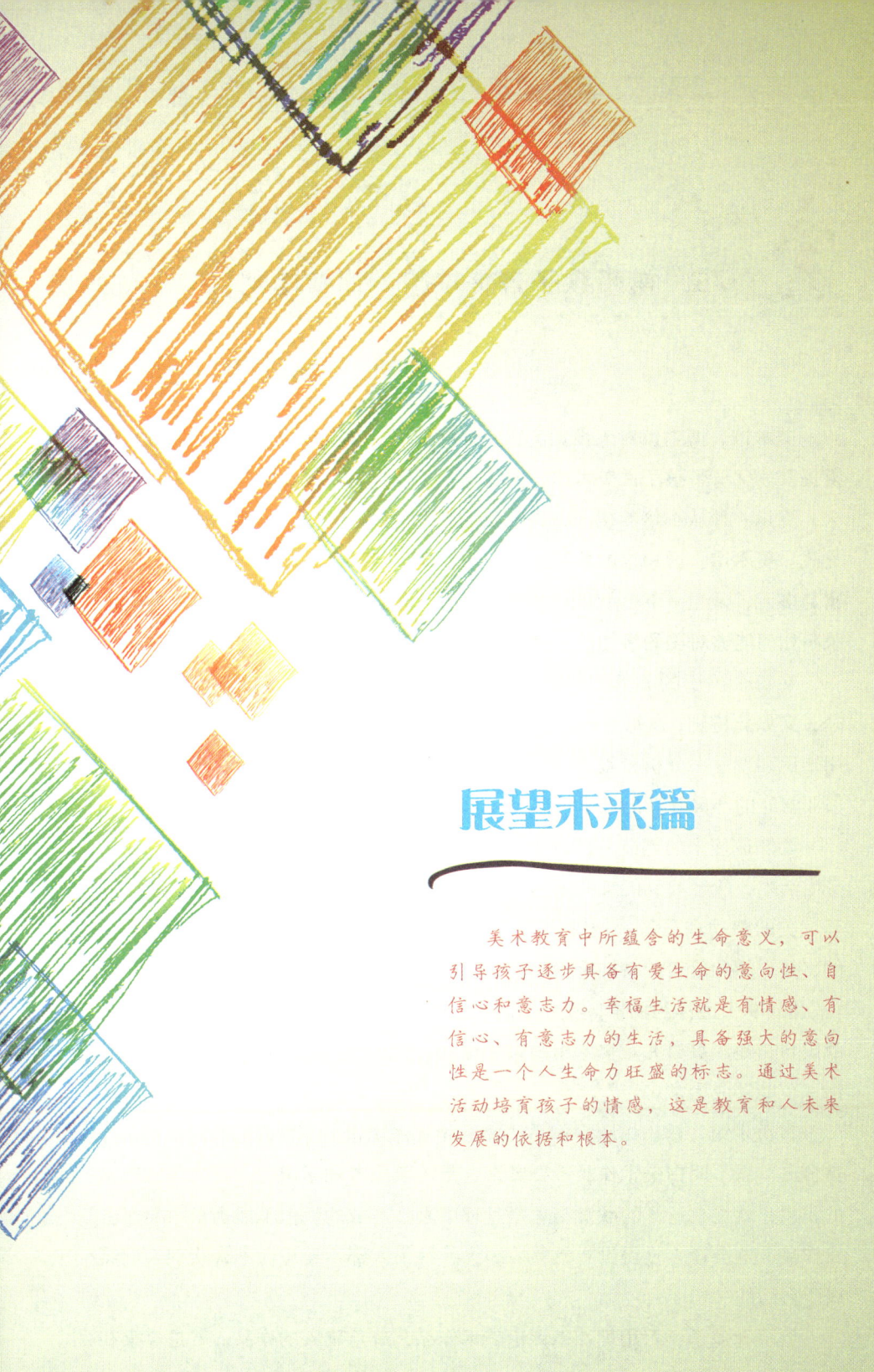

展望未来篇

美术教育中所蕴含的生命意义，可以引导孩子逐步具备有爱生命的意向性、自信心和意志力。幸福生活就是有情感、有信心、有意志力的生活，具备强大的意向性是一个人生命力旺盛的标志。通过美术活动培育孩子的情感，这是教育和人未来发展的依据和根本。

79、常带孩子去美术馆、博物馆吧

美术馆、博物馆对人视觉美感的培育作用，我已经在前面各个章节里反复提及。父母带孩子去美术馆、博物馆，不仅仅是给孩子提供欣赏艺术的机会，更是一种从小培养孩子心灵气质、舒缓精神上的压力、升华心境思想的方式。美术馆、博物馆的欣赏过程，可以让孩子的思维与能力，变得更加丰富与多元，试想一下，如果一个孩子从小没有看过一件艺术作品的话，他的眼睛如何能够对美的事物产生敏感，对文化的理解更加深入呢？

在每个孩子的心里，都有一个属于他们自己的世界，这个世界如此纯净，又如此特别；在每个孩子的眼中，都有不同于成人的视角，以至于难以用知识和理性去分析和叙述。陪孩子在美术馆、博物馆欣赏美术作品，是一项非常好的心灵互动的亲子活动。

要知道孩子的创造力源自他们眼睛直观的感觉和体验，这些是他们在自身生活中，所经验到的细枝末节的视觉显现。与孩子有共同的审美体验，分享对美的感动和看法，这种两代人的心灵默契是无法用金钱、物质来估量的，是一笔的珍贵的精神宝藏。

图79-1这样的场景，在发达国家已经成为普遍的生活状态，图79-2为我国台湾地区高雄儿童美术馆的亲子课堂，希望这样的场景在我们的城市生活里也能够成为常态。

在美术馆、博物馆欣赏作品，要培养一种观念——尊重艺术作品就是尊重自己。看不明白美术作品不要紧，这是需要思考和学习的，因为美感经验的积累，就是在这样的欣赏与思考过程中逐步养成的。但不能当众取笑作者及作品，这会让人觉得没有教养。因为，每个人都不希望和不喜欢别人嘲笑属于自己的一切。

要引导孩子学习用理性来评论美术作品，尊重别人的作品，就是尊重和

展望未来篇

图 79-1

图 79-2

提升自我的文化精神与品格。例如，有人在看展览的时候，会用手去触碰作品，却不知道这是一种伤害作品的行为。可以想象，如果太多人触碰美术作品，其后果会如何？

图 79-3

图 79-4

图 79-3 展示了孩子在博物馆上课，这是卢浮宫艺术教育的一部分，图 79-4 是在美国盖蒂艺术中心，孩子向成年人介绍自己的美术作品。

另外，现在的生活条件已经很好了，如果把家布置成家庭美术馆，也是不错的生活状态。例如，可以在家中开放一面墙，在墙上贴上大张的白报纸，让孩子从小就在上面画画，画满之后再贴上新的白报纸。如果父母对孩子的艺术创作有容忍度，这面墙如果能够长期保留，也将是一个审美教育的奇迹。某美国家庭就曾将孩子的涂鸦作品留在壁纸上十几年。

总之，美术具备改变一切的创造力量！父母、教师以及所有的教育者，都有责任带孩子去博物馆、美术馆，早一点培育孩子，使其自身逐步具备这种力量，从小形成接受艺术、欣赏艺术的生活习惯。

80、美育——美与爱

从许多艺术家的心路历程和创作背景中，我们不难发现，艺术作品背后的故事都是与爱有关的。贝多芬的《英雄》是对国家的爱，达芬奇的《蒙娜丽莎》（见图80-1）是对美好生活和青春的爱，德拉克洛瓦的《自由引导人民》（见图80-2）是对自由和独立的爱，等等。即便是在现代艺术中，很多被大众称为看不懂的作品，其体现出的意义也都是爱。

图80-1 达芬奇《蒙娜丽莎》

图80-2 德拉克洛瓦《自由引导人民》

展望未来篇

坦率地说，艺术，特别是美术作品，在其逐渐发展的过程中，体现出来的形式美感越来越少，比如达利、毕加索的作品。但是，不管其表现形式如何，其作品中所体现出来的还是一个字爱。大家所熟知的毕加索的作品《和平鸽》和《格尔尼卡》（见图80-3、图80-4），一者优美，一者却透出狞厉的美，但两件作品的终极目标都是充满了对和平的向往和对世界的爱。

图80-3　毕加索《和平鸽》

图80-4　毕加索《格尔尼卡》

爱并不是一种口号，而是实实在在的东西。爱，也不是遥不可及的，所有的孩子都需要在父母和教师的引导下，努力学着去爱，从爱自己开始。

爱是什么？爱是没有回报的付出，这样的付出就是美的。我们可以赞叹重义之人，也可以赞叹行善之人。但是，这些赞叹能够打动我们以及孩子的心灵吗？能够给予孩子的生命以向上的力量吗？只有美和艺术才能够唤起我们的力量，它是照耀人们心灵的灯塔。

人类的美，并不像动植物那样，仅仅是大自然赋予的美。例如，服饰的美感，它的产生依靠人类自己的创造。正是因为这种美的创造，使艺术与美产生了只有在人类生活中才存在的特殊关系。动植物则不一样，其产生的美都与自然条件的内部机能有关。例如，山麓中的叶子伸展着对称的叶体形态，这与阳光的照射有关，没有了阳光，对称的叶体自然收拢，让我们无法再看到其对称的美；鸟的飞行速度与飞行时的姿态的美是一致的。

人类不仅有这种大自然赋予的美，而且还在创造着美，艺术创造就是典型的案例。试想，当你身处意大利的时候，是否想到，当年米开朗基罗在绘制西斯庭教堂天顶画的时候，扭曲的肢体仰面而做，他在用生命塑造着美。那个时代是没有艺术家这一称谓的，也不可能有丰厚的报酬，米开朗基罗这样的艺术家，是后人赋予他的，那个时候的他只是被归类于"屠夫协会"的

给幼儿教师和家长的 81 条美术教育建议

图 80-5 云冈石窟佛像

下等人。

另外，当我们伫立在大佛像前时，可想到，塑造云冈石窟大佛（见图 80-5）的全部是无名艺术家，按照行业归类只能算是工匠，这些人类创造的美的遗产皆出自他们之手。这个时候，我们就会懂得创造的美和自然赋予的美是多么的不同。人类为了实现创造美的理想与目标，以献出生命为代价。

孩子心灵的觉醒，来自其发现的眼睛。科学救国，艺术救人。美感经验的积累，触及人的本源——"纯真"心灵的觉醒。美是孩子人生的希望，美更是人格光辉的显现。

81. 孩子的梦

随着互联网数字科技的迅猛发展，视觉图像信息的传达已全面覆盖人们生活的方方面面。我们的生活现状是：整天忙碌于钢筋混凝土与玻璃幕墙制成的框架"积木"里，行走在人与人比肩接踵的沥青路上，被挤在喘不过气的地铁与公交车里，听着各种车辆的嘈杂轰鸣……现代文明带来的各种负面影响，最严重的莫过于人类自身的异化。冰冷的商业化和物质化气息，令人类原初的那种纯真、自然逐渐泯灭，那种火一般的热情和执着精神在淡化。这样的生活有几分美的价值？难道我们的孩子也要如此这般地恶性循环下去？

那一抹红色，那炫彩的太阳，那神秘的螺旋，那一片片绿……孩子要在这样的大千世界中生存、选择、开拓，还要发现大美，这一切似乎都从母腹中温暖的梦境开始了。当孩子脱离母亲的身体，独自面对这个崭新的世界时，首先映入眼帘的是一片光明。这个实现梦想的过程实在太美妙了！一百多年前，丰子恺先生明确论证了美术教育与人的可持续发展之间的关系，但是，由于种种旧有经验的禁锢，成人对于美的感受已经模式化。

图 81-1

人对于世界的认识是从单纯的色彩、图形、声音开始的。孩子的画不仅是游戏，是梦，更是要努力实现的种种愿望。这境界中的每个画面、情景都那么纯净、天真、质朴、自然，充满童心的、梦一般的境界都来自孩子的画（见图 81-1）。

孩子作画中的愉悦感令毕加索等西方现代画家特别向往，他们在默默祈祷，希望有一天能将自己重新变成孩子，他们太想从孩子的图画中得到一分单纯与真诚，捕捉到由成熟回归到天真的灵感。他们知道，这一切只有到孩子笔下的涂画中去寻找。

给幼儿教师和家长的 81 条美术教育建议

图 81-2

图 81-3

【图 81-2 为 4 岁的意大利女孩 NUESH 的绘画作品，图 81-3 为 NUESH 在自己的作品展前。希望中国的孩子在美术活动中能够放松心态，自由创作，多举办这样的个人展览。】

通常认为，梦是对未来的向往和追求，由于现实生活里缺乏理想才去梦中寻找，甚至将获取某种成功，比喻为"梦想成真"。其实，梦中有很大成分源自回忆，是人对昨天和童年的回忆。美术，是在人类进化的过程中产生的，哲学家将人类童年期的艺术创造说成"内在情感的外化"。无论古老的先人，还是幼小的孩子，最初在石壁上、在纸上留下的痕迹，那稚拙而单纯的图画，那充满神秘而富有创造力的涂画，都浓缩了原始的情感、期待、想象与梦想。

儿童是编织美梦的高手，孩子的梦中充满了奇幻、趣味，唯有孩子的梦是最纯真、最富于爱的歌谣。让我们在孩子的梦中采撷，把孩子那最美的梦，献给所有的人，献给祖国。

后 记

本著作的出版得益于"万千教育"图书策划编辑王慧超女士真诚相邀。起先是慧超编辑在新浪博客留言联系我,随后,在首都师范大学与尹少淳教授研究中国大学视频公开课《儿童视觉审美教育》系列课程拍摄工作之后,我在返回山东家中过春节之前,选择西单地铁站边的咖啡厅与慧超编辑见面,共同敲定撰写本著作的基本思路。另外,"万千教育"是中国出版界卓有影响力的教育/心理图书品牌,这促使自己在原本很繁忙的工作之中,又加入这本著作的写作重任。

说其重任在于,自己一直对中国的学前儿童美术教育状况不满意,这主要源自美术教育工作者责任驱使下的思想与行动上的自觉。自2006年担任苏州高等幼儿师范学校特聘教授之后,2008年又在福建幼儿高等师范专科学校主持学前儿童美术教育课题结题,2009—2012年在西安文理学院幼师学院、四川幼儿师范高等专科学校看到其教学现状,以及连续几年担任浙江师范大学杭州幼儿师范学院艺术教育专业本科教学工作等经历,应该说对我国学前儿童美术教育存在的问题比较清晰。

因此,自2010年开始的"国培计划"学前教育骨干教师培训中,我多次在讲座中抨击学前儿童美术教育的现状与问题,提出自己的论点以及研究思路和方向,并将大量的实践案例与全国幼儿教师分享。可以说,这本著作可以帮助年轻父母、幼儿教师,在孩子成长的道路上少走一些弯路。

在本著作的"案例分析篇",我将承担的教育部人文社会科学研究2012年规划项目"当代中国的儿童美术教育研究"的最新成果奉献给读者共享。而且,本书也贯穿了这项研究的理念和具体操作方法。浙江师范大学美术教育方向研究生姜哲娴、丁志超、张馨月、李霜菊、邵任斯、黄聪丽、伍翔南、宋阳、魏智子等在本项目实践过程中,深入幼儿园一线教学实践一年多时间，付出巨大的努力与心血，在此感谢他们的努力与奉献。

著作中选用了浙江慈溪美术教研员熊雪青对其儿子童年绘画活动的研究素材；浙江黄岩灵石中学高级教师吴庆扬保护、引导其儿子童年期美术创作活动的素材；新疆教育学院韩思菊副教授对其女儿童年期绘画活动保护、引导等图像素材；浙江师范大学美术学院徐丹旭副教授研究其儿子儿童画的素材；浙江义乌小商品市场外事部刘茁英主任对其女儿美术学习的坚持，以及刚刚1岁多的儿子涂鸦活动的记录。在此对各位一并表示感谢。

感谢深圳龚江平老师儿童心智涂鸦的教学成果。特别感谢张笑老师，著作中多处选用他为之付出18年心血的珠海南色儿童美术活动基地教育成果（图片）。另外，本书封面用图为马葆程5岁时的作品《爸爸》（具体案例见第13条建议）。"有图有真相"是本著作最大的特点，图文并茂地阅读，可以更轻松地理解我要传递的儿童美术教育思想。

当自己沉浸在敲打键盘即将完稿的轻松状态时，最需要感谢的是策划编辑王慧超女士，她在选题确立、搭建框架、写作沟通、审稿修改、文字润色以及其他出版工作中，以怀有身孕之身为本书付出心血。感谢"万千教育"，感谢中国轻工业出版社为本书出版付出的所有劳动。

李力加

2014年国庆日定稿于

浙江师范大学之丽泽花园

主要参考文献

【1】阿恩海姆. 艺术与视知觉［M］. 滕守尧，朱疆源，译. 成都：四川人民出版社，1998.

【2】爱泼斯坦，特里米斯. 我是儿童艺术家：学前儿童视觉艺术的发展［M］. 冯婉桢，译. 北京：教育科学出版社，2012.

【3】艾斯纳. 儿童知觉与视觉的发展［M］. 孙宏，等，译. 长沙：湖南美术出版社，1994.

【4】杜威. 艺术即经验［M］. 高建平，译. 北京：商务印书馆，2005.

【5】丰子恺. 丰子恺文集（艺术卷）［M］. 杭州：浙江文艺出版社，1990.

【6】荷伯豪斯，汉森. 儿童早期艺术创造性教育［M］. 邓琪颖，译. 南宁：广西美术出版社，2009.

【7】赫维茨，戴. 儿童与艺术［M］. 郭敏，译. 长沙：湖南美术出版社，2008.

【8】里德. 通过艺术的教育［M］. 吕廷和，译. 长沙：湖南美术出版社，1993.

【9】李力加，等. 感知与表达：超级美术教师的100堂课（1—8册）［M］. 济南：山东美术出版社，2014.

【10】李力加. 萌动与发展：儿童美术教育学研究［M］. 济南：山东美术出版社，2001.

【11】李力加. 唤起知觉经验的美术学习［M］. 济南：山东美术出版社，2013.

【12】刘宣. 学前儿童美术教育［M］. 北京：中央广播电视大学出版社，2008.

【13】楼必生，屠美如. 学前儿童综合艺术教育研究［M］. 北京：北京师范

大学出版社，1997．

【14】罗恩菲德．创造与心智的成长［M］．王德育，译．长沙：湖南美术出版社，1993．

【15】玛考尔蒂．儿童绘画与心理治疗：解读儿童画［M］．李甦，李晓庆，译．北京：中国轻工业出版社，2005．

【16】迈耶．视觉美学［M］．李玮，周水涛，译．上海：上海人民美术出版社，1990．

【17】尼尔森．一周又一周：儿童发展记录（第三版）［M］．叶平枝，孟亭含，等，译．北京：人民教育出版社，2011．

【18】史密斯，等．教孩子画画［M］．贾茜茜，译．长沙：湖南美术出版社，2008．

【19】维柯．新科学［M］．朱光潜，译．北京：人民文学出版社，1986．

【20】席勒．美育书简［M］．徐恒醇，译．北京：中国文联出版公司，1984．

【21】叶朗．美学原理［M］．北京：北京大学出版社，2009．

万千教育 学前教育图书目录

代号	书目	著、译者	定价(元)
幼儿园区域游戏指导系列			
J1293	幼儿园自主游戏观察与记录（全彩）	董旭花 等著	58.00
J1116	幼儿园区域活动——环境创设与活动设计方法	王微丽 主编	60.00
J1124	幼儿园创造性游戏区域活动指导	董旭花 等编著	32.00
J1125	幼儿园自主性学习区域活动指导	董旭花 等编著	35.00
J1051	小区域 大学问——幼儿园区域环境创设与活动指导	董旭花 等著	30.00
J1214	幼儿园区域活动现场指导艺术	董旭花 等著	38.00
J963	如何有效实施幼儿园主题性区域活动	秦元东 等著	24.00
J869	幼儿园科学区（室）：科学探索活动指导117例	董旭花 主编	28.00
J1309	幼儿园室内外建构游戏指导	邵爱红 主编	36.00
幼儿园区域游戏指导系列合计			341.00
幼儿园班级管理指导系列			
J858	幼儿园班级管理技巧150	曹宇 译	34.00
J1091	打造幼儿园魅力班级的64个策略	莫源秋 等著	32.00
J1042	幼儿园班级安全管理	陶金玲 许映建 著	32.00
J1072	幼儿常规教育指导手册	莫源秋 等编著	36.00
J961	幼儿园教师治班之道	李麦浪 著	32.00
幼儿园班级管理指导系列合计			166.00

园长保育员工作指导系列			
J1223	园本培训促进幼儿教师专业发展	晏红 著	32.00
J1103	幼儿园教研活动设计与实施	莫源秋 著	32.00
J1110	幼儿园保育员工作指南	伍香平 等主编	20.00
J1117	幼儿园园长的领导艺术	任民 李迎春 著	32.00
J1014	幼儿园园长临场应变技巧50例	卢俊 著	20.00
J1026	幼儿园园长易犯的80个错误	伍香平 主编	25.00
园长保育员工作指导系列合计			161.00
幼儿园一日活动设计指导系列			
J1245	幼儿园一日生活过渡环节的组织策略	吴文艳 主编	28.00
J941	幼儿园一日生活环节的组织策略	宋文霞 等主编	36.00
J1186	幼儿园一日活动教育细节69例	王明珠 主编	28.00
J1263	幼儿园大型活动组织与策划手册	李春玲 著	35.00
幼儿园一日活动设计指导系列合计			127.00
幼儿园教学活动设计指导系列			
J1107	幼儿园综合主题活动 ——设计技巧与优秀案例	赵旭莹 等主编	42.00
J1030	幼儿园节日活动精彩设计方案	刘洪霞 主编	35.00
J1066	幼儿园美术活动创意设计(全彩)	罗梅 赵福云 主编	56.00
J1272	幼儿园优秀体育活动设计99例	朱清 侯金萍 主编	45.00
J1219	幼儿园优秀语言活动设计70例	郭咏梅 主编	26.00
J1188	幼儿园优秀美术活动设计99例(全彩)	陈学群 余晖 主编	58.00
J1189	幼儿园优秀健康活动设计80例	范惠静 主编	38.00

J1062	幼儿园优秀社会活动设计65例	伍香平　主编	25.00
J1065	幼儿园优秀科学活动设计88例	董旭花　主编	35.00
J1235	幼儿园科学探究故事20例	王明珠　主编	40.00
幼儿园教学活动设计指导系列合计			**400.00**
幼儿园家长工作指导系列			
J890	幼儿教师与家长沟通之道	晏　红　著	28.00
J1299	幼儿园家长工作技能与艺术	莫源秋　编著	45.00
J1274	破解家园沟通的44个难题	胡剑红　主编	35.00
J1106	幼儿教师的家长工作技巧	张春炬　主编	34.00
J1097	幼儿园家长开放日活动设计与实践指导	卢筱红　主编	25.00
J1022	幼儿园家庭教育指导形式与方法	晏　红　著	34.00
幼儿园家长工作指导系列合计			**201.00**
幼儿行为与心理指导系列			
J1224	0—8岁儿童纪律教育（第六版）	蔡　菡　译	68.00
J1279	透视0—3岁婴幼儿心理世界	冯夏婷　主编	38.00
J1249	幼儿常见心理行为问题：诊断与教育	莫源秋　著	38.00
J1071	透视幼儿心理世界 ——给幼儿教师和家长的心理学建议	冯夏婷　主编	36.00
J807	幼儿问题行为的识别与应对（教师篇）	王玲艳　等译	38.00
J672	幼儿心理健康教育	刘　文　编著	25.00
幼儿行为与心理指导系列合计			**243.00**
幼儿园玩教具制作指导系列			
J1109	幼儿园玩教具：配备、设计制作与应用（全彩）	郭力平　谢　萌　著	52.00

编号	书名	作者	定价
J1234	幼儿园创意游戏教学 ——废旧材料巧利用（全彩）	芦德芹 主编	62.00
J1278	幼儿园体育材料设计与运用150例	汪超 著	38.00
幼儿园玩教具制作指导系列合计			**152.00**
幼儿园教学技能指导系列			
J1267	幼儿园备课·说课·听课·评课	俞春晓 等著	42.00
J1334	幼儿教师必须掌握的教育技巧	莫源秋 著	35.00
J1184	幼儿园教学诊断技巧与对策58例	王春燕 等著	38.00
J1016	幼儿教师实用教育教学技能	莫源秋 等著	30.00
J951	幼儿园集体教学活动设计方法与实例	俞春晓 著	28.00
J1019	幼儿教师必须修炼的10项教学技能	俞春晓 著	25.00
J1229	给幼儿教师和家长的81条美术教育建议（全彩）	李力加 著	62.00
J1061	幼儿园语言活动创新设计	郭咏梅 著	32.00
幼儿园教学技能指导系列合计			**293.00**
幼儿教师专业发展指导系列			
J1302	儿童教育心理学（软精装）	阿尔夫雷勒·阿德勒 著	35.00
J952	儿童早期教育导论（第五版）	马燕 等译	65.00
J1023	幼儿行为的观察与记录（第五版）	马燕 等译	32.00
J1017	做个幸福快乐的幼儿教师 ——为你的专业成长支招	莫源秋 著	28.00
J1020	幼儿教师临场应变技巧60例	冯伟群 著	25.00
J974	幼儿教师易犯的150个错误	伍香平 编著	32.00

……
欲了解更多图书信息，请登录：www.wqedu.com
联系地址：北京市西城区三里河路6号院2号楼213室　　万千教育
咨询电话：010-65181109，65262933
*本目录定价如有错误或变动，以实际出书为准。